La Revolución Francesa

Una Apasionante Guía sobre un Gran Acontecimiento de la Historia Mundial

Índice

Introducción: La Revolución francesa - ¿Qué Ocurrió?

La Revolución francesa es uno de los momentos más trascendentales de la historia, no sólo por lo que ocurrió en Francia, sino también por cómo afectó al resto del mundo. El trasfondo de lo que estaba ocurriendo en Francia convulsionaría gran parte del mundo conocido.

A medida que los ideales de la Revolución francesa trascendían las fronteras francesas, las naciones de Europa y América comenzaron a absorberlos. Las líneas de las naciones europeas se redefinieron, mientras que potencias coloniales como España y Portugal perdieron el control sobre sus posesiones americanas. América Latina fue quizás la más afectada, ya que un país tras otro declararon su independencia tras la Revolución francesa.

Sin embargo, aún más importante, la Revolución francesa transformó el pensamiento común. Antes de que comenzara la Revolución francesa, los intelectuales franceses solían cuestionar las convenciones sociales, religiosas y políticas de la época.

Tal vez no haya mejor prueba de ello que el efecto de la Revolución francesa en lo que entonces era una práctica centenaria: la Inquisición. La primera Inquisición comenzó a finales del siglo XII, aunque las cosas realmente se aceleraron con la Inquisición española, la cual comenzó en el siglo XV. Los grandes inquisidores eran enviados de ciudad en ciudad para investigar a los acusados de no ser cristianos. En su búsqueda de "la verdad", tenían poder y autoridad para torturar y matar si era necesario.

Tal vez sea un hecho poco conocido, pero justo antes de la Revolución francesa, filósofos franceses como Voltaire desempeñaron un papel clave en la difusión de los abusos e infracciones de la Inquisición. Si bien Voltaire no viviría para ver la Revolución francesa, muchas de sus ideas se pusieron en práctica en aquella época y podrían haber contribuido al fin de la Inquisición, a la que tanto había combatido.

Irónicamente (aunque quizá no tan casualmente), el déspota francés Napoleón Bonaparte puso fin a gran parte de la brutalidad de la Inquisición española. Cuando sus ejércitos conquistaron España, dio órdenes de suprimirla. Las repercusiones de la Revolución francesa son realmente profundas e increíbles de contemplar. En este libro, exploraremos los principales aspectos de la Revolución francesa y su posterior impacto en el mundo en general.

Capítulo 1: Antes de la Revolución

"Cada vez que nombro a alguien para un puesto vacante, hago infelices a cien y desagradecido a uno".

-Rey Luis XIV

Para comprender la Revolución francesa, debemos tener en cuenta los acontecimientos previos a su estallido. A lo largo de las décadas que precedieron a la Revolución, la sociedad francesa se había vuelto cada vez más inestable. La Corona francesa había librado, y perdido, una serie de guerras contra Gran Bretaña, la última de las cuales -la guerra de los Siete Años- supuso para Francia la pérdida de considerables territorios en Norteamérica, tales como Quebec.

Esto, supuso una humillación para el orgullo francés y resultó ser también una sangría para la economía francesa. Los franceses tuvieron que pagar los costos acumulados por una guerra fallida y sufrir la pérdida de ingresos de sus antiguas colonias norteamericanas. Mientras tanto, la sociedad francesa se volvía cada vez más desigual. Siempre había habido distintas clases sociales en Francia, pero, a medida que la economía se hundía, la corrupción se apoderaba del país.

Los que disponían de dinero extra podían comprar puestos importantes. Así se llegó a una situación en la que los ricos podían comprar puestos de poder y enseñorearse de los demás. Lo peor de este fenómeno de pago por juego ocurrió en los gremios.

Durante la Edad Media y los primeros años de la Edad Moderna, muchos países europeos contaban con una serie de gremios u oficios a los que se dedicaban determinadas personas. Había gremios de carpinteros para los carpinteros, gremios de constructores navales para los constructores navales, gremios de sastres para los sastres, etcétera, etcétera. Hasta entonces, estos gremios sólo contaban con lo mejor de lo mejor entre sus filas. Pero a medida que la corrupción se fue extendiendo, se hizo posible acceder a un gremio simplemente comprando la entrada.

Uno sólo puede imaginarse el caos que esto creó cuando el hijo de un noble rico, de repente, podía convertirse en carpintero sólo porque quería ser carpintero, no porque tuviera las habilidades necesarias para esa vocación. Por la suma de dinero adecuada, cualquiera podía comprar su entrada en un gremio. Esto provocó la ineficacia del comercio francés, ahogó la libertad de empresa y la creatividad y provocó un descontento generalizado.

Simplemente imagina a alguien hoy en día acercándose a la junta de un hospital y diciendo: "Oye, mi hijo realmente quiere ser médico". El hijo no tiene las aptitudes adecuadas, pero luego de que sus ricos padres entreguen un millón de dólares, éstos mueven los hilos suficientes como para que se le conceda la licencia de cirujano. Debido a este terrible caso de corrupción, ahora tenemos a alguien operando a corazón abierto ¡que ni siquiera sabe utilizar un bisturí!

Este, era precisamente el tipo de corrupción que se había convertido en práctica habitual en los sistemas gremiales de la Francia prerrevolucionaria. Sin embargo, aún peor era la llamada "compraventa de cargos". Los franceses habían desarrollado una larga tradición de venta de cargos y oficinas gubernamentales al mejor postor. Según el historiador Simon Schama, "la compraventa de cargos estaba más profunda y ampliamente arraigada en Francia que en cualquier otra gran potencia de Europa".

Schama, afirma que la práctica tiene sus raíces en las acciones emprendidas por el rey Enrique IV de Francia allá por 1604, cuando la monarquía francesa se embarcó en un plan para vender prestigiosos cargos gubernamentales con el fin de recaudar fondos muy necesarios para el tesoro francés. Este tipo de corrupción -la idea de que se puede comprar el acceso a puestos de poder o a un gremio estimado- acabaría por pudrir el núcleo de cualquier buena sociedad, y eso es precisamente lo que vemos en funcionamiento en la Francia prerrevolucionaria.

A medida que los gremios perdían valor, la única forma en que el gobierno podía evitar el colapso económico total era cancelando deuda mediante rentas vitalicias. Existieron todo tipo de planes respaldados por el gobierno, como las llamadas "rentas perpetuas", "rentas vitalicias" y, en un momento dado, incluso rentas reversibles. No importaba qué truco probaran los ministros de finanzas del rey francés, ya que estaban jugando con fuego. En realidad, sólo estaban retrasando lo que se convertiría en un inevitable colapso financiero.

La monarquía francesa, debido a su extravagancia y mala gestión, había dilapidado durante mucho tiempo los recursos de lo que antaño había sido una próspera presencia francesa en la escena mundial. El rey Luis XIV, también conocido como el Rey Sol, reinó durante setenta y dos años, de 1643 a 1715. Durante su reinado, Francia se convirtió en una gran potencia, pero también sentó un precedente sobre cómo debía vivir un rey. Es cierto que disponía de medios para ello, ya que a principios de su reinado llevó a cabo profundas reformas. Sin embargo, Francia se vio envuelta en varias guerras importantes, y Luis trató de disminuir el poder de los nobles. Con el paso de los años, Luis XIV necesitó más dinero y quiso cobrarles impuestos a los aristócratas para conseguirlo. No fue una medida popular, y los impuestos acabaron siendo ineficaces, ya que los nobles encontraron formas de eludir su pago.

El rey Luis XV debía reforzar la economía de alguna manera, pero sus impuestos a la nobleza tampoco surtieron efecto. Francia se vio envuelta en más guerras. Pero donde Luis XIV ganó sus guerras, Luis XV perdió muchas de las suyas. Francia estaba sumida en el caos incluso antes de que Luis XVI subiera al trono. Si Francia quería triunfar, necesitaba un gobernante fuerte al timón.

El rey Luis XVI no era ese gobernante fuerte. Esto no quiere decir que Luis XVI fuera el peor gobernante de la historia. Si hubiera gobernado en otro momento de la historia, probablemente habría tenido un reinado semiexitoso. Podía tomar decisiones inteligentes, pero no supo hacer que el pueblo siguiera sus reformas. Además, siguió los pasos de su familia, gastando dinero para mantener las apariencias y dedicándose a actividades más frívolas como la caza.

Un gran ejemplo de ello sería su coronación en 1775, cuando se negó a moderar la extravagancia de la ceremonia, incluso luego de que el

Interventor General de Francia, Anne Robert Jacques Turgot, le aconsejara que hiciera lo correcto. Justo antes de la coronación de Luis XVI, se habían producido terribles revueltas y disturbios en las calles debido al aumento de los precios. A la luz de estas dificultades, Turgot consideró que no sólo había que minimizar las extravagancias, sino que también sería mejor para el rey celebrar la coronación en París, donde el parisino medio descontento podría verlo, en lugar de celebrar la ceremonia en la lejana y desconectada opulencia de la catedral de Reims.

Según el historiador Simon Schama, el cambio a una reunión más discreta en París probablemente hubiera significado un ahorro de siete millones de libras. El costo de tener que transportar todo, incluidos los hábiles artesanos parisinos, supuso una importante sangría para las finanzas.

Los costosos apartamentos reales, instalados temporalmente en Reims, también suscitaron tremendas críticas, especialmente cuando se supo que la reina se había desvivido por instalar lo que el historiador Schama denomina "inodoros ingleses". En otras palabras, esta temporal pero costosa morada de Reims vino adornada con cañerías, incluida una temprana versión de un retrete funcional. En aquella época, la mayoría de los franceses utilizaban orinales.

Estas cosas no auguraban nada bueno para el nuevo rey, que desde el principio pareció no estar en sintonía con el pueblo francés. Además de costosos, algunos aspectos de la ceremonia rozaron lo absurdo, como cuando se aplicó generosamente aceite sagrado a Luis XVI, que supuestamente pertenecía al primer rey francés (Clodoveo, rey de los Francos).

El rey francés, Luis XVI, apoyaría más tarde la rebelión estadounidense contra la Corona británica, pero no porque estuviera de acuerdo con los principios de los revolucionarios americanos. Nada más lejos de ello. Simplemente apoyó a los colonos porque era una forma de vengarse de sus enemigos, los ingleses, que le habían robado sus colonias en la guerra de los Siete Años. Para los ideólogos franceses, la ironía no podía ser mayor. La idea de que los americanos pudieran alcanzar la libertad que buscaban mientras se esperaba de ellos que sufrieran en silencio bajo su propio rey tiránico, parecía más que absurda.

Por ello, el movimiento para deponer al rey Luis XVI fue en aumento. La discordia era más palpable en París, la capital francesa. Para exacerbar las tensiones, se produjo una gran oleada de emigrantes del campo que acudían a la capital en busca de mejores oportunidades de trabajo.

En un principio, esto parecía suponer una potencial bonanza económica, ya que la llegada de nuevos trabajadores fomentaba la industrialización y la creación de nuevas fábricas. Los puestos de trabajo se cubrieron tan rápidamente que muchos de los que buscaban trabajo tuvieron que ser rechazados, marchándose con las manos vacías. Y cuando no se encontraba trabajo, el aumento de la población de París resultaba ser más una carga que un beneficio. El gobierno francés parecía oscilar entre intentar ayudar a los recién llegados e impedirles el paso. En un último esfuerzo por frenar la constante migración a París, se promulgaron numerosas leyes que restringían la circulación. Sin embargo, era demasiado poco y demasiado tarde, y el rey francés pronto tuvo a sus puertas una gran masa de descontentos que le exigían que hiciera algo para aliviar sus muchas penurias.

Y eran muchos los males de los pobres campesinos franceses. Las condiciones de vida de las clases bajas eran escandalosamente precarias en comparación con las de otros países europeos de la época. Los campesinos franceses vivían normalmente en casas destartaladas que carecían incluso de un suelo en condiciones. En lugar de tarimas de madera, la mayoría de ellas no eran más que chozas sin suelo -paredes y tejado- montadas toscamente sobre la tierra. La dieta de los campesinos no era mucho mejor. Casi nunca comían carne, y sus comidas consistían principalmente en pan y, tal vez, algunas verduras.

Cabe señalar que el pan desempeñó un papel importante en la Revolución francesa en muchos aspectos. A primera vista, la idea de que el pan fuera un factor importante en una revolución puede sonar un poco absurda, pero es cierto. Los franceses, especialmente los campesinos, dependían de un constante suministro de pan para sobrevivir.

Y, a medida que los precios del pan subían y bajaban, también lo hacía la estabilidad del gobierno francés. Hubo innumerables revueltas por el pan antes de la revolución. En enero de 1789, en vísperas de la Revolución francesa, los precios del pan se duplicaron y las peticiones de reformas revolucionarias alcanzaron un punto álgido.

Cuando el rey Luis XVI y su reina, María Antonieta, fueron depuestos, se oyó al pueblo cantar que ya no les faltaría pan porque acababan de capturar a los panaderos. Se oía a las multitudes regocijarse: "¡Traemos de vuelta al panadero y a la mujer del panadero!".

Tales nociones resultaban terriblemente equivocadas y excesivamente simplistas. Si alguien realmente pensaba que tener un rey francés cautivo en sus manos le daría un suministro de pan para toda la vida, pronto aprendería lo terriblemente equivocado que estaba. Los problemas de los campesinos franceses persistieron tras la captura del rey y la reina e incluso luego de su ejecución.

A menudo se dice que María Antonieta dijo "Que coman pastel" cuando sus ministros la molestaban a ella y a su marido por el precio del pan. Sin embargo, se cree que nunca pronunció esas palabras. No obstante, al igual que el resto de los nobles, no estaba al corriente de la situación de la mayoría de la población francesa. Y en los prolegómenos de la Revolución francesa, parecía que todo el mundo tenía sus quejas y críticas, pero muy pocos tenían soluciones reales.

En vísperas de la Revolución francesa, el gobierno francés estaba agobiado por una inmensa deuda. Gran parte de esta deuda, se debía a los costos de guerras anteriores. Tanto la guerra de los Siete Años como el compromiso francés de apoyar a los estadounidenses durante la Guerra Revolucionaria Americana habían acumulado una gran deuda. La mala gestión de las políticas francesas anteriores tampoco ayudó. En cuanto a la responsabilidad fiscal, gran parte del problema residía en la monarquía absoluta. En Inglaterra, a la hora de aplicar políticas monetarias, el Parlamento servía de barrera. Pero en Francia, todo se llevaba a cabo a capricho del monarca. No había restricciones que pudieran frenarlo; en realidad, lo único que podía detenerlo era un golpe de Estado o una revolución.

Como dijo el historiador Simon Schama, "en Francia no existía ninguna institución comparable que pudiera actuar como un perro guardián fiable y tranquilizar así a los futuros depositantes y acreedores del gobierno". Inglaterra contaba con el Parlamento como guardián, pero ¿quién mantendría a raya al rey francés? Este hecho puso a los inversores más que nerviosos a la hora de invertir en Francia.

En cualquier caso, el gobierno francés intentó recuperar parte de su deuda recurriendo a elevados impuestos. Esto creó más descontento en casi todos los niveles de la sociedad francesa. En un momento dado, incluso el clero francés protestó. En 1775, determinaron que sus estipendios anuales no eran suficientes para combatir la inflación y el aumento de los impuestos.

Antes de la Revolución francesa, el gobierno francés estaba corrupto y podrido hasta la médula. Estaba claro que había que hacer algo. El sentimiento de que era necesario un cambio impulsaría la revolución. Y los filósofos franceses llevaban tiempo reclamando este cambio.

El filósofo francés Voltaire estaba a la vanguardia de este impulso. Voltaire fue una figura muy influyente, aunque no vivió para ver cómo se desarrollaba todo. Aunque la revolución tardó otros diez años en estallar, Voltaire intuía lo que estaba a punto de suceder. Pensando que estaba a punto de llegar una era de democracia, libertad y prosperidad, Voltaire envidiaba a los que vivirían para verlo.

En 1764, Voltaire declaró: "Por todas partes se siembra la semilla de una revolución inevitable que yo no tendré la dicha de presenciar. Felices los jóvenes, ¡porque verán grandes cosas!".

Voltaire murió en 1778, a la edad de ochenta y tres años, unos diez antes del estallido de la Revolución francesa. Si Voltaire hubiera vivido para ver las consecuencias de la Revolución francesa, probablemente se habría arrepentido de sus comentarios.

Como muestra de hasta qué punto se transformaría el pensamiento francés en vísperas de la Revolución, Voltaire, que fue considerado liberal durante su vida, habría sido considerado conservador al estallar la Revolución francesa.

Por ejemplo, Voltaire arremetió contra los abusos de la Iglesia católica, concretamente contra las inquisiciones que tenían lugar en España, Portugal y Roma. Sin embargo, el filósofo no estaba en contra de la religión en sí. Al contrario, él mismo creía en Dios e insistía en que la religión era buena siempre que fuera natural y no impuesta. Esto, sería muy diferente de lo que ocurrió durante la Revolución francesa.

A raíz de la Revolución francesa, la Iglesia fue atacada e incluso amenazada de aniquilación, ya que Maximilien Robespierre y sus compinches intentaron "inventar" una nueva religión que pudieran imponer por la fuerza a todo el Estado francés. Esta locura fue finalmente detenida. Paradójicamente, Napoleón Bonaparte fue quien restauró la hegemonía de la Iglesia católica en Francia.

Voltaire probablemente habría contemplado horrorizado cómo se desarrollaban estos acontecimientos. ¿Y quién sabe? Quizá Voltaire se hubiera visto obligado a visitar la guillotina antes de que todo acabara. No sería de extrañar, teniendo en cuenta la cantidad de gente que de repente fue considerada prescindible debido a los irracionales caprichos de los fervientes revolucionarios.

Voltaire es sólo uno de los pensadores franceses de peso que vienen a la mente cuando se consideran algunas de las inspiraciones detrás de la Revolución francesa. Sin embargo, Voltaire no abogaba por el derrocamiento de la monarquía francesa. En su lugar, aconsejó un enfoque más prudente que transformara el régimen absolutista en una monarquía constitucional.

Voltaire, de joven, había vivido en Gran Bretaña y había asimilado muchas cosas del modo de vida británico. A menudo hablaba de su admiración por la aceptación británica del mérito (por muy limitado que fuera), al tiempo que despreciaba a los nobles franceses que utilizaban el dinero y el nacimiento aristocrático para imponer su voluntad a los demás. Al principio de su carrera, en 1733, Voltaire hizo uso de sus numerosas observaciones y las recopiló en una obra titulada *Cartas Sobre los Ingleses*, en la que elogiaba ciertos aspectos de la sociedad británica al tiempo que arremetía sutilmente contra Francia.

En un pasaje, por ejemplo, habla con bastante elogio de los métodos fiscales británicos, afirmando: "Nadie está exento en este país [Inglaterra] de pagar ciertos impuestos por ser noble o sacerdote".

Los lectores franceses de Voltaire habrían reconocido fácilmente esta afirmación como una crítica indirecta al modo de vida francés. En Francia, se sabía que algunos miembros de la nobleza y del clero estaban exentos de pagar impuestos. Esta y otras obras de Voltaire y sus colegas enfurecieron a la monarquía francesa. Consideraban que los pensadores de la Ilustración como Voltaire no eran más que una amenaza directa a su propia autoridad.

Sin embargo, una corriente subterránea de pensamiento intelectual burbujeó bajo la superficie durante algún tiempo en Francia, una corriente subterránea que haría todo lo posible por influir y movilizar a las descontentas masas francesas. Y las masas eran muchas. Francia, a pesar de todos sus problemas, contaba con una de las mayores poblaciones de Europa.

Se calcula que, previo a la Revolución, Francia tenía una población de unos veintiocho millones de habitantes. Durante este periodo, Gran Bretaña apenas contaba con diez millones de habitantes. Rusia tenía unos treinta millones de habitantes, pero hay que tener en cuenta que su superficie es mucho mayor que la de Francia. La población actual de Francia es aproximadamente el doble de la de entonces, pero la Francia actual también es mucho más capaz de hacer frente a una población mayor que la de finales del siglo XVIII. Además, la población francesa actual está más repartida por todo el país.

La Francia prerrevolucionaria se encontraba escasa de recursos e ingresos, con una gran población en constante crecimiento que se agolpaba en sus ciudades. La intelectualidad francesa puso manos a la obra para solucionar estos problemas. Pero poco sabían aquellos bienintencionados ideólogos revolucionarios de la caja de Pandora que estaban a punto de abrir.

Con este telón de fondo, se convocarían los Estados Generales. Los Estados Generales eran el órgano legislativo de Francia compuesto por representantes de los distintos "estamentos" del país. La opinión pública francesa de la época se dividía en tres grandes categorías. El Primer Estado estaba formado por el clero, el Segundo por la nobleza y el Tercer Estado por la inmensa mayoría de los franceses. El Tercer Estado estaba formado por todos aquellos que no encajaban en las otras dos categorías: campesinos, comerciantes, propietarios de tiendas y herreros, sólo por nombrar algunos.

El 5 de mayo de 1789, los Estados Generales se reunieron para debatir algunos de los problemas más acuciantes a los que se enfrentaba Francia. La convocatoria de los Estados Generales estaba destinada a calmar los nervios, pero lo único que pareció conseguir fue agitar las cosas. El rey Luis XVI inició el debate, dirigiéndose a todos los reunidos e intentando abordar los numerosos problemas a los que se enfrentaba la nación.

Otra figura importante, Jacques Necker, ministro de finanzas, habló ante la multitud de las terribles circunstancias a las que se enfrentaba la economía francesa. Como era de esperar, la solución de Necker, consistente en aumentar los impuestos, no fue bien recibida por los asistentes. Los impuestos ya eran elevados, y era sobre todo el Tercer Estado el que soportaba la carga.

El Tercer Estado estaba molesto por otra razón. En sesiones anteriores de los Estados Generales, cada estamento tenía un voto. El Primer Estado y el Segundo tendían a aliarse, dejando de lado al Tercer Estado, pese a ser el más numeroso. Querían arreglar las cosas para que todos los delegados presentes tuvieran un voto. El rey tenía cosas más importantes en la cabeza (los impuestos), y nunca se llegó a hablar de la representación.

Frustrados por la situación, los miembros del Tercer Estado crearon un nuevo órgano legislativo, que se conocería como Asamblea Nacional. Todo ello sin el consentimiento del rey. El Tercer Estado comenzó a denominarse a sí mismo como los "Comunes", en referencia a su estatus "común". Consideraban que su número era más importante que la influencia o el estatus del clero y la nobleza.

Los representantes reunidos del Tercer Estado se consideraban los verdaderos representantes de la nación, forjando así una verdadera Asamblea Nacional para representar los intereses franceses. El rey, intentó acabar con lo que consideraba una asamblea ilegal. Incluso clausuró la sala de reuniones donde se había reunido el grupo con la esperanza de que se dispersaran.

Sin embargo, los Comunes se limitaron a trasladar sus deliberaciones a una cancha de tenis local, donde participaron en el llamado "Juramento de la Cancha de Tenis", en el que prometían no marcharse hasta haber forjado con éxito una nueva constitución para su nación. Aunque todavía no se había disparado ningún tiro, este fue el comienzo de lo que se convertiría en una revolución total.

Capítulo 2: La Toma de la Bastilla

"Sacad la verdad de contrabando, hacedla pasar a través de todos los obstáculos que fabriquen sus enemigos; multiplicaos, difundid por todos los medios posibles su mensaje para que triunfe; contrarrestad mediante el celo y la acción cívica la influencia del dinero y las maquinaciones prodigadas en la propagación del engaño. Esa es, en mi opinión, la actividad más útil y el deber más sagrado del patriotismo puro".

-Maximilien Robespierre

Puede que los franceses sigan reconociendo el Día de la Bastilla como una de sus grandes fiestas y distintivo de su larga marcha hacia la libertad, pero la Toma de la Bastilla no fue para nada una bonita imagen. Ocurrió a raíz de que los inquietos campesinos querían armarse contra el gobierno francés.

Antes de que la Bastilla, una gran fortaleza y prisión, fuera tomada por asalto, el rey francés había movilizado tropas contra las revueltas del pan y otras manifestaciones. A continuación, empezó a hacer una limpieza en su propio gobierno. Sus acciones culminaron con el despido de Jacques Necker, ministro de Finanzas, el 11 de julio de 1789.

En muchos sentidos, Necker había contribuido a su propia caída. Se le había encomendado la tarea de arreglar la enorme deuda acumulada por Francia en su esfuerzo por ayudar a la Revolución americana. Algunos trataron de culpar al propio Necker, y hubo quejas de que estaba "amañando los libros".

En un esfuerzo por aclarar cuánto se debía, Necker dio el paso de hacer público el presupuesto nacional, algo inusual en una monarquía absolutista. Normalmente, las finanzas del Estado se mantenían en secreto. El memorándum publicado por Necker fue conocido como el *Compte rendu*. Este informe arrojó nueva luz sobre la situación del gobierno francés, alertando a la opinión pública de todos los terribles detalles de la economía francesa.

A continuación, Necker intentó hacer más equitativa la fiscalidad dividiendo los impuestos de taille y de capitación. El impuesto de capitación era un impuesto de capitación sobre la propiedad, mientras que el impuesto de taille era una forma más directa de tributación dirigida a las clases campesinas de Francia. Aunque no era inaudito que los más pudientes pagaran la taille, el clero y la nobleza solían librarse de ella alegando estar exentos de impuestos. Esto generó un odio cada vez mayor hacia el impuesto taille, que llegó a ser visto esencialmente como un "impuesto de pobres" aplicado a las clases más bajas de Francia.

Aunque la propuesta de Necker de reformar la taille gozó de popularidad entre muchos de los franceses más pobres, provocó el rechazo de las élites, que normalmente habrían sido los mecenas más importantes y poderosos de Necker.

En cuanto la gente supo que Necker había sido destituido, una oleada de pánico recorrió a los inversores. En sus mentes, la destitución del ministro de Finanzas parecía indicar que todo el país estaba a punto de entrar en bancarrota. Las élites francesas empezaron a dar la voz de alarma.

Ahora, pobres y ricos estaban descontentos. Inmediatamente después de la destitución de Necker, que tuvo lugar el 11 de julio de 1789, París se convirtió en la zona cero de una revolución.

Se produjo una extraña dicotomía, ya que la Asamblea Nacional de Francia -un órgano representativo especial establecido en las primeras etapas de la Revolución francesa- trató de instar a la calma, mientras que multitudes cada vez más alteradas comenzaron a reunirse en la capital. La Asamblea Nacional, había firmado el Juramento de la Cancha de Tenis en desafío directo al rey de Francia, que les había ordenado disolverse. Con este acto de desafío, la Asamblea Nacional demostró que la monarquía francesa estaba perdiendo el control de esta situación que se desarrollaba rápidamente.

No hay nada peor para un país que tener una turba de desempleados, hambrientos y agitados vagando por las calles, pero eso era exactamente lo que París, Francia, parecía en ese momento. Y una vez que la gente se enteró de la destitución del ministro de Finanzas, se pusieron en acción. Creyendo que sin ministro de Finanzas no había control de las finanzas, las turbas irrumpieron en los peajes y otras instituciones de recaudación de impuestos, tratando de recuperar el dinero que sentían que les habían quitado.

Las tropas del rey podrían haber disparado contra la multitud, ya que estaba claro que estaban infringiendo la ley. Pero, como ocurre en cualquier desintegración social, se llegó a un punto de inflexión. Las tropas, en lugar de disparar contra los agitados manifestantes, se encogieron de hombros, dieron la espalda y miraron hacia otro lado.

Al perder los soldados franceses la voluntad de reprimir a sus airados compatriotas, abrieron la puerta a todo tipo de caos y anarquía. Aunque los soldados franceses no estaban dispuestos a descargar sus armas para proteger el orden social, la chusma de las calles estaba más que dispuesta a hacerse con las armas para alterarlo.

El 13 de julio de 1789, una gran multitud se reunió en el ayuntamiento principal de París y pidió abiertamente armas. Insistían en que necesitaban esas armas para "proteger la ciudad", ya que los soldados franceses habían demostrado no estar dispuestos a hacerlo. Al principio se les negó, pero pronto los administradores empezaron a ceder. Se acordó entonces que los electores de París, que actuaban como representantes, pudieran establecer una milicia popular.

Los electores fueron convocados inicialmente para elegir a los diputados que representarían al Tercer Estado de París, pero en el drama que se había desatado, se convirtieron en una especie de comité revolucionario que hacía peticiones en nombre de los manifestantes. A instancias de los electores, se distribuyó al pueblo una partida de fusiles y municiones, pero pronto se consideró que el esfuerzo no valía la pena.

Los manifestantes querían más y sabían dónde conseguirlo: en la Bastilla. La Bastilla era una fortaleza que albergaba prisioneros, armas y municiones. Los franceses sabían que si podían acceder a la armería de la Bastilla, estarían bien armados. Los electores que lideraban las protestas decidieron finalmente atacar la Bastilla al día siguiente, el 14 de julio.

Aunque los manifestantes eran numerosos, el asalto a la Bastilla no sería tarea fácil. La Bastilla se alzaba entre gruesos muros y estaba rodeada por un foso. Al principio, los líderes de la muchedumbre intentaron un enfoque algo diplomático. Se apostaron a las puertas de la

Bastilla e intentaron negociar con Bernard-René Jourdan de Launay, gobernador de la Bastilla. Le pidieron armas. En medio de estas conversaciones, alguien -no está del todo claro quién- abrió fuego. Esto, llevó a que toda la guardia armada de la Bastilla abriera fuego contra los manifestantes. Cientos de personas murieron, pero la turba siguió avanzando hasta que la Bastilla se vio desbordada.

Con tantos compañeros muertos, la rabia de los manifestantes era incontrolable. Justo antes de que los manifestantes estuvieran a punto de derribar las puertas, el gobernador de Launay aceptó rendirse con la promesa de que él y los que estaban con él serían perdonados. Sin embargo, cuando la Bastilla se rindió, todas las promesas fueron olvidadas.

De Launay fue sacado a la calle y maltratado. La multitud lo golpeó y lo escupió. Los líderes revolucionarios aún estaban pensando qué hacer con él cuando Launay, cansado de la miseria a la que estaba siendo sometido, gritó que debían matarlo. Según el historiador Simon Schama, gritó: "¡Dejadme morir!".

Al parecer, Launay quiso provocar su muerte pateando en la ingle a uno de los hombres más cercanos a él, cuyo nombre nos ha llegado como Desnot. Tras este arrebato, varios hombres se abalanzaron sobre él y lo despedazaron con espadas, puñales y todo lo que tenían a mano.

Su cuerpo fue descuartizado y su cabeza, decapitada, fue colocada sobre una pica y lanzada victoriosamente al aire por la multitud sedienta de sangre. Fue un episodio totalmente terrible y, en muchos sentidos, un presagio del resto del horror que se avecinaba.

Junto con el deseo de adquirir armas, la turba se había inspirado para asaltar la Bastilla en los rumores de que estaba llena hasta los topes de prisioneros que se habían atrevido a hablar mal del régimen. En realidad, se dice que la Bastilla sólo albergaba a siete prisioneros en ese momento, y ninguno de ellos estaba detenido por sus opiniones políticas. La noticia de lo ocurrido se difundió con relativa rapidez y pronto surgieron manifestaciones similares por toda Francia.

Uno de los elementos más interesantes de esta primera etapa de la revolución fue el destacado papel que desempeñaron las mujeres. Si bien es cierto que las mujeres estaban generalmente excluidas de los círculos internos del pensamiento revolucionario, que forjaron nuevas leyes civiles y una constitución, las manifestantes desempeñaron un papel muy importante y fueron bastante visibles en las calles de Francia.

En el otoño de 1789, esto se hizo evidente cuando unas siete mil mujeres marcharon hacia Versalles, la sede del gobierno francés, donde residía el rey.

El 5 de octubre de 1789, una turba enfurecida compuesta principalmente por mujeres reaccionó a los altos precios del pan marchando por las calles de París al grito de *"¿Cuándo tendremos pan?"*. Este era el título de un panfleto de protesta que habían repartido unos enardecidos intelectuales.

Como dice el escritor e historiador Simon Schama en su innovador texto *Ciudadanos: Crónica de la Revolución Francesa*, "el día 5, a primera hora, sonó la campana de la iglesia de Sainte-Marguerite y, encabezada por una mujer que tocaba el tambor, se formó una marcha en la que la multitud gritaba el título del último panfleto, *¿Cuándo tendremos pan?* A medida que avanzaban, reclutaron a mujeres de otros barrios, muchas de ellas portando garrotes, palos y cuchillos. Al llegar al Hôtel de Ville, la muchedumbre era de seis o siete mil personas".

Uno sólo puede imaginarse esta extraña escena de miles de mujeres marchando con cuchillos, garrotes y, en algunos casos, palos, gritando y vociferando que necesitaban pan mientras proferían insultos a su monarca francesa menos favorita, la reina María Antonieta.

Pero, ¿por qué María Antonieta era tan vilipendiada por el pueblo francés? Esto requiere una explicación. Al principio, el desprecio hacia María Antonieta era bastante superficial. Desde el comienzo de su vida pública como reina, a muchos les molestaba el hecho de que no fuera francesa. Aunque suene a estrechez de miras, la opinión pública francesa no veía con buenos ojos que Luis XVI se hubiera casado con una austriaca.

La prensa francesa amplificó enormemente este desdén general mediante una serie constante de pullas y ataques a su carácter. Todas estas habladurías negativas culminaron cuando la reina fue falsamente acusada de tomar un collar inmensamente caro y no pagarlo, defraudando así a los joyeros de la Corona. Esta acusación corrió como la pólvora en las fábricas de chismes de Francia, y todos los que ya sentían antipatía por la reina utilizaron este chisme para validar sus propios prejuicios.

Las acusaciones eran falsas, y más tarde se descubrió que la firma de la reina había sido falsificada, haciendo parecer que había aceptado comprar el collar cuando no era así. Sin embargo, la reputación de

María Antonieta ya estaba arruinada, y sería el blanco de las bromas y el odio del pueblo hasta que perdió la cabeza en la guillotina.

Equivocadas o no, cuando la multitud de manifestantes llegó al Hôtel de Ville, sus reivindicaciones habían aumentado considerablemente. Además de quejarse del precio del pan, exigían la disolución inmediata de los guardaespaldas reales, protectores del rey y la reina. Podría parecer una demanda extraña, pero los guardaespaldas reales habían agredido a la multitud en ocasiones anteriores.

La multitud también exigió armas propias. Y no tardaron en conseguirlas, ya que irrumpieron en el ayuntamiento y asediaron un arsenal de armas. A estas alturas, a la marcha de mujeres se había sumado un gran contingente de hombres. Y este grupo armado de manifestantes marchó a continuación hacia el Palacio de Versalles.

El Marqués de Lafayette intentó poner orden en este caos. Lafayette es un personaje intrigante por derecho propio, y sería negligente no hablar de él con más detalle. Nació en el seno de una acaudalada familia francesa y se hizo oficial cuando aún era un joven adolescente. Al estallar la Guerra de la Independencia, en 1775, decidió dirigirse a las colonias americanas y ofrecerle sus servicios a los estadounidenses.

Sus esfuerzos se vieron recompensados y acabó ascendiendo al rango de general cuando sólo tenía diecinueve años. Tras su regreso a Francia, en 1789, consiguió ser elegido miembro de los Estados Generales. Lafayette era una figura muy conocida y respetada, y se esperaba que pudiera frenar de algún modo la oleada de rebelión y devolver cierta sensación de normalidad.

Sin embargo, pronto se alarmó al ver que muchas de sus tropas se unían a la turba enloquecida de manifestantes. Lafayette sabía que no podía impedir la marcha. Así pues, tomó la decisión de conducir a sus tropas junto a la multitud en su marcha hacia el Palacio de Versalles. Según Schama, esto se hizo "para asegurarse de que sus soldados actuaban a favor, y no en contra, de la seguridad de la casa real".

Dado que Lafayette no podía detener la marcha directamente, colocó a sus reticentes hombres como pastores de los manifestantes, con la esperanza de que al menos controlaran los daños lo suficiente como para evitar un desastre total en Versalles. También se aseguró de que el palacio fuera avisado con antelación de la turba que se dirigía hacia él, enviando un mensajero a caballo rápido para informarle a las autoridades de lo que estaba ocurriendo.

El rey Luis XVI se encontraba de caza cuando fue informado de la inminente llegada de la turba. Se apresuró a regresar al palacio y comenzó a prepararse para la batalla. La muchedumbre avanzaba a toda velocidad y, en un momento dado, estuvo a punto de alcanzar los aposentos personales de María Antonieta.

Un soldado, a propósito o por accidente, había dejado una puerta abierta. Los manifestantes se abalanzaron sobre ella para acceder al palacio. Se oye a la muchedumbre gritar todo tipo de insultos contra la reina. Algunos, llegaron a gritar que habría que "cortarle la cabeza" e incluso "hacerle un fricasé en el hígado". Pese a verse totalmente desbordados, los guardias de palacio trataron de repelerlos.

Un guardia, cuyo nombre ha llegado hasta nosotros como Monsieur des Huttes, estaba apostado justo fuera de la cámara de la reina. Disparó a la multitud con la esperanza de dispersarla. El disparo alcanzó a uno de los manifestantes. Sin embargo, el disparo no hizo que los manifestantes se detuvieran. Por el contrario, desató la furia entre la multitud, que se abalanzó sobre el guardia y lo capturó. Supuestamente lo mataron en el acto.

Otro guardia, llamado Mimondre de Sainte-Marie, intentó calmar a la multitud. Cuando se dio cuenta de que no lo conseguiría, empezó a gritar detrás de las puertas enrejadas que custodiaba. Gritó a pleno pulmón: "¡La vida de la Reina está en peligro!". Gritó esta fatídica advertencia hasta que la turba lo alcanzó y lo silenció acabando con su vida.

Sin embargo, antes de que este hombre muriera, sus palabras fueron oídas por quienes estaban dentro, y se tomaron medidas evasivas. La advertencia llevó a María Antonieta a huir de sus aposentos, gritando a todo el que pudiera oírla que la ayudara a salir. Fue conducida por un pasadizo secreto a la habitación del rey. Sin ningún otro sitio adónde ir, golpeó la puerta con desesperación.

Tardaron varios minutos, pero finalmente se abrió. La reina se reunió con su marido, su hijo y su hija, que estaban escondidos dentro con sus criados. La cabeza del valiente guardia que advirtió a la reina de la amenaza a la que se enfrentaba fue colocada en la punta de una larga pica. La cabeza fue paseada por los jardines del palacio como una especie de macabro trofeo.

Para entonces, Lafayette había llegado a los aposentos del rey y pudo hacer balance de la situación. Lafayette estaba flanqueado por miembros de la guardia nacional, que ya habían mostrado su complicidad. Se dirigió a estos hombres y pudo convencerlos de que no era tan malo como las turbas de París habían dejado entrever.

En la prensa francesa se culpaba al rey de todos los males que aquejaban al ciudadano de a pie. Y no sólo se le culpaba, sino que se inventaban elaboradas teorías conspirativas para hacer creer que el rey le causaba daño intencionadamente a la población. Tras una mala cosecha en 1789, circuló un rumor conocido como el "Pacto del Hambre", que declaraba que el rey y sus secuaces estaban orquestando una hambruna artificial para destruir deliberadamente al campesinado francés.

Por absurdas que pudieran parecer estas teorías conspirativas, muchos franceses las creían ciertas. Y en cuanto uno se tragaba esas creencias, ya no se trataba sólo de un monarca que podía haber tomado algunas malas decisiones. En lugar de eso, a muchos se les hizo creer que el rey era una especie de tirano demoníaco empeñado en su propia destrucción.

Sin embargo, por increíble que parezca, los esfuerzos de Lafayette por convencer a la multitud tuvieron algún éxito, y los hombres que antes tenían problemas para decidir su lealtad de repente declararon su inquebrantable apoyo al rey de Francia. Sintiéndose más seguro, el rey decidió entonces salir al balcón para dirigirse él mismo a la multitud. Increíblemente, después de todas las amenazas, insultos y muertes de la guardia imperial, la multitud se mostró receptiva con el rey e incluso le dedicó una entusiasta salva de vítores y aplausos.

Puede que te sorprenda ver el repentino cambio en la forma en que la gente veía al rey. Bueno, la vara está muy baja cuando alguien es visto como un monstruo. Si alguien ha sido completamente deshumanizado y descrito como un horrible monstruo, no hace falta mucho para sorprender a sus críticos. Una sonrisa y un gesto con la mano pueden ser suficientes para disipar los rumores de que uno es un infernal sabueso con colmillos y garras.

Una vez que el rey captó su atención, les prometió a sus súbditos que haría todo lo posible por poner fin a la crisis del pan y satisfacer todas sus demás preocupaciones y demandas. El rey se había visto acorralado e intentaba utilizar lo que le quedaba de poder para infundir fe en su pueblo. Y en ese momento, lo consiguió.

Pero su victoria tuvo un precio. La multitud reclamó que la familia real se trasladara a la capital francesa. El rey, acosado y hostigado, no tuvo más remedio que obedecer y accedió a abandonar la seguridad de su palacio de Versalles para trasladarse a París. El rey y su familia marcharon a la capital francesa seguidos de cerca por una multitud de manifestantes.

Algunos de los manifestantes llevaban cabezas en picas, que agitaban alegremente en el aire, pero la mayoría simplemente tenía su codiciado pan empalado en las picas. Sí, la enfervorizada multitud, algunos con el pan literalmente empalado en picas, se regocijaba en su triunfo. Considerando que habían acorralado y acobardado a la familia real para que se sometiera a sus exigencias, se los oyó cantar alegremente que ahora tenían en su poder "al panadero, a la mujer del panadero y al muchacho del panadero".

Sin embargo, tener al rey Luis, a María Antonieta y a sus hijos no resolvería todos sus problemas. Aún así, esta muchedumbre despiadada sintió que había logrado una gran hazaña. Parecían pensar que nunca volverían a quedarse sin pan porque tenían en su poder a los supuestos productores de su sustento. Pronto aprenderían lo equivocados que estaban.

Capítulo 3: La Marcha hacia una Monarquía Constitucional

"La idea más extravagante que puede nacer en la cabeza de un pensador político es creer que basta con entrar, armas en mano, entre un pueblo extranjero y esperar que se acojan sus leyes y su constitución. Nadie ama a los misioneros armados; la primera lección de la naturaleza y de la prudencia es rechazarlos como enemigos".

-Maximilien Robespierre

El siguiente gran paso en el camino hacia la revolución fue el desmantelamiento del Antiguo Régimen. En primer lugar, se abordó la noción de que Francia se basaba en la anticuada práctica del feudalismo. La Asamblea Nacional se reunió a principios de agosto para debatir medidas de reforma. En última instancia, la asamblea decidió suprimir todas las formas de servidumbre, los derechos feudales y los privilegios y exenciones fiscales de las élites. Sin embargo, cabe señalar que la Asamblea Nacional no agitaba una varita mágica para deshacerse de todas las deudas que ya se tenían. La intención era que la gente siguiera pagando hasta que estas reformas surtieran efecto.

Esta situación sería similar a la de un candidato presidencial en Estados Unidos que promete hacer algo justo antes de las elecciones para ganar votos. Muchos votantes podrían llegar a la conclusión de que votando a este candidato se cumpliría tal promesa a pesar de que ésta tardaría en entrar en vigor, si es que alguna vez lo hiciera.

En Francia se produjo una situación similar. Los ciudadanos franceses estaban eufóricos ante la perspectiva de una reducción de la deuda, pero no entendían el proceso que ello implicaba. Y debido a este grave malentendido, muchos se negaron a pagar antes incluso de que las reformas entraran en vigor. Esto hizo que la crisis financiera en Francia fuera mucho más grave, ya que se suspendieron prácticamente todos los pagos. El gobierno francés no tardó en declararse en quiebra.

Sin embargo, una vez que el genio había salido de la botella, no había forma de volver a meterlo en ella. Los campesinos estaban armados, los impuestos habían sido suprimidos y el antiguo orden social había sido eliminado. La Revolución francesa había comenzado. Pero ahora que la reforma revolucionaria estaba cerca, ¿qué era lo siguiente? ¿Cuáles serían los principios rectores de la revolución? Para determinarlos, los revolucionarios franceses recurrieron a destacados intelectuales galos para elaborar una declaración de derechos.

Todo el mundo había visto el asombroso éxito de la Declaración de Independencia de los Estados Unidos. Los franceses intentaron superar a los estadounidenses con su Declaración de los Derechos del Hombre y del Ciudadano, que se hizo oficial el 26 de agosto de 1789.

Aunque la Declaración de los Derechos del Hombre y del Ciudadano es considerada a menudo como el momento decisivo de la Revolución francesa, sólo pretendía ser un texto provisional hasta que se pudiera dar forma a una constitución más definitiva. La declaración afirmaba que los hombres tenían derechos naturales, incluido el derecho a la vida, la libertad y la propiedad. Los derechos declarados en el documento influirían en la Constitución francesa, que fue creada un par de años más tarde, en 1791. Habría otra constitución revisada en 1793.

Muchos no lo saben, pero uno de los padres fundadores de Estados Unidos, Thomas Jefferson, estaba entre bastidores cuando la Declaración de los Derechos del Hombre y del Ciudadano fue redactada. Jefferson ejercía entonces de ministro de Asuntos Exteriores en nombre de Estados Unidos. Participó en la revisión de los borradores y también estuvo detrás de la sugerencia de prever una disposición especial que permitiera a las futuras convenciones constitucionales introducir enmiendas en caso necesario. Ostensiblemente, se estaban sentando las bases para que Francia fuera una monarquía constitucional con el rey Luis XVI a la cabeza.

Sin embargo, paradójicamente, la búsqueda de una monarquía constitucional en Francia acabaría con la decapitación del monarca francés. Es una forma bastante brusca de resumirlo, pero totalmente adecuada para lo que ocurrió en Francia entre 1789 y 1792. El primer paso real, en lo que se refiere al desmantelamiento del antiguo orden del Antiguo Régimen, fue la abolición del feudalismo, que tuvo lugar el 4 de agosto de 1789.

A continuación, el 11 de agosto, los revolucionarios decidieron suprimir los diezmos regulares exigidos por la Iglesia católica. En lugar de que los feligreses dieran diezmos a la iglesia, los revolucionarios decidieron que sería mejor que la iglesia recibiera toda la financiación del Estado. Pero esto no ocurrió porque los revolucionarios quisieran salvaguardar las finanzas de la Iglesia, sino porque querían tener el control total de la Iglesia.

Si el Estado controlaba las finanzas de la Iglesia, básicamente controlaría a la propia Iglesia. La lógica es bastante simple. Pero lo que los ideólogos subestimaron fue el ferviente apoyo de la mayoría de los franceses a la Iglesia católica, sus instituciones y sus tradiciones. Incluso si decidían arbitrariamente cambiar la forma de hacer las cosas, eso no significaba que todos los demás seguirían automáticamente su ejemplo.

Podían pensar que los curas y monjas que llenaban las abadías no eran más que *faineants* (en francés, "inútiles"), pero eso no significaba que el resto de la población estuviera de acuerdo con ellos. Aun así, los ideólogos intentaron tentar a la suerte y llevar aún más lejos su opresión de la Iglesia. El 2 de noviembre de 1789, la Asamblea Nacional se pronunció a favor de confiscar los bienes eclesiásticos y redistribuirlos a su antojo.

A pesar de que el comunismo aún no era ni un destello en los ojos de Karl Marx (teniendo en cuenta que ni siquiera había nacido), los franceses volvían a caer en lo que se conocería como principios de estilo comunista. Sin embargo, lo peor estaba por llegar cuando, el 12 de julio de 1790, la Asamblea Nacional promulgó la Constitución Civil del Clero, en la que se pretendía fusionar para siempre las funciones de la Iglesia con el derecho civil.

Esta medida distaba mucho de la separación entre Iglesia y Estado que se había establecido en Estados Unidos. En su lugar, los radicales franceses pretendían hacer de la Iglesia un brazo independiente del Estado. No eran especialmente religiosos. Sólo deseaban adaptar la

Iglesia a sus propios fines.

Se presionó a los miembros del clero para que se convirtieran en portavoces de la revolución. En noviembre de 1790, la Asamblea Nacional dejó claro a todo el clero que si no hacían un juramento oficial de sumisión al gobierno, serían despedidos. Sólo una cuarta parte de los sacerdotes acató la orden. Los de las zonas más católicas de Francia, como Normandía, Bretaña y la Vendée, fueron los más firmes en su resistencia. La Iglesia católica ejercía una gran influencia sobre la población de estas regiones, y en ellas se produjo un considerable rechazo a la Revolución francesa. La reacción del Estado francés ante esta resistencia fue reprimir a los rebeldes. Los sacerdotes considerados rebeldes y contrarios fueron castigados, exiliados o incluso ejecutados.

Fue en este contexto de agitación cuando el club político de radicales conocido como los jacobinos se hizo prominente. Los Jacobinos no eran más que uno de los muchos clubes políticos que habían aparecido en escena. Surgieron de una asamblea del Tercer Estado.

Como ya se ha dicho, Francia estaba dividida en tres estamentos. El Primer Estado estaba formado por la nobleza. El Segundo Estado estaba formado por el clero. Y el Tercer Estado estaba formado por el grueso del país, desde los más pobres entre los pobres hasta los más prósperos, los comerciantes no nobles y los artesanos calificados.

Un ideólogo revolucionario francés, llamado Abbé Sieyès, sacó el máximo partido de esta situación. Sabía que el Tercer Estado soportaba gran parte de la carga nacional y que el pueblo estaba molesto. Su panfleto político titulado "¿Qué es necesario para que una nación prospere?" señalaba que el Tercer Estado no era sólo una clase separada de la sociedad francesa, sino también la gran mayoría del pueblo y, esencialmente, la "nación misma".

Argumentaba que, puesto que la verdadera sangre de la nación estaba en el Tercer Estado, que era el que más trabajaba y se esforzaba, los otros dos estamentos no eran más que parásitos que exprimían al Tercer Estado hasta dejarlo seco. Esta caricatura de la sociedad francesa se retrataba mediante diversas ilustraciones de un miembro pobre y decrépito del Tercer Estado con un miembro del clero y otro de la nobleza a sus espaldas.

Este mensaje simplista, según el cual el Tercer Estado se veía obligado a soportar toda la carga de los problemas de Francia, caló hondo en las masas y se convirtió en un tema perdurable a lo largo de toda la Revolución francesa.

Sieyès también sostenía que, puesto que el Tercer Estado representaba a la nación, los que no pertenecían a él no eran dignos de la ciudadanía francesa. No eran más que corruptos, parásitos y derrochadores.

En palabras de Sieyès: "Es imposible decir qué lugar deben ocupar la nobleza y el clero en el orden social. Esto equivale a preguntarse qué lugar debe asignarse a una enfermedad maligna que depreda y tortura el cuerpo de un enfermo".

Los clubes políticos -especialmente los jacobinos- sacaron mucho provecho de estas críticas mordaces a la sociedad francesa. Los jacobinos se nutrían de este tipo de retórica y trataban de explotarla al máximo. Se reunían con frecuencia en un convento dominico del mismo nombre; de ahí que se les conociera coloquialmente como los Jacobinos o el Club Jacobino.

En agosto de 1790, cuando las primeras reformas de la Revolución francesa se estaban afianzando, los jacobinos de París contaban con unos 1.200 miembros. Los jacobinos se reunían regularmente en un edificio que antes era una iglesia -el ya mencionado convento dominico-, en la calle Saint-Honoré. Resulta irónico que los jacobinos se reunieran en una iglesia, ya que sus reuniones adoptarían más tarde la forma de una función eclesiástica.

Pero en lugar de declarar las glorias de Dios, los que estaban ante el podio exponían los derechos del hombre. A medida que los franceses minimizaban el papel de su religión cristiana tradicional, buscaban un nuevo consuelo en las filosofías casi religiosas de clubes políticos como los Jacobinos. Como veremos, los intelectuales franceses utilizarían estos movimientos filosóficos como sustituto de la religión y otras tradiciones del Antiguo Régimen.

El historiador Simon Schama quizás lo expresó mejor cuando describió los clubes jacobinos como una mezcla "entre una iglesia y una escuela". Es una descripción acertada. Los ideólogos hacían todo lo posible por exponer y enseñar sus filosofías a los asistentes, y la insistencia en que todos los jacobinos se adhirieran a esos ideales filosóficos llegó a ser tan intensa y extrema que podría decirse que los miembros del Club Jacobino se volvieron religiosos.

Hace tiempo que se ha señalado que los seres humanos parecen haber desarrollado la religión y la filosofía por una razón. En cuanto se desecha una, no tarda en ser sustituida por otra. Lo mismo ocurrió en la Rusia comunista cuando la Iglesia cristiana fue suplantada por una adhesión religiosa al ideal comunista. En general, parece que los seres humanos necesitan algo más grande que ellos mismos en lo que centrarse, ya sea la creencia en un Dios eterno e infinito, el culto al comunismo o la aplicación y adhesión celosas a ideales revolucionarios. Simplemente existe en nosotros un deseo innato de seguir algo.

Estos clubes políticos fueron los primeros esfuerzos rudimentarios para ofrecer a la mente y al alma francesas algo a lo que pudieran aferrarse en su búsqueda de sentido y autodescubrimiento. Los Jacobinos buscaban algo, pero también había quienes trabajaban bajo las narices del rey de Francia y pensaban que podían reorientar a los Jacobinos para que volvieran a abrazar la monarquía francesa. Y Honoré-Gabriel Riqueti, Conde de Mirabeau (más conocido como Mirabeau), era uno de ellos.

Mirabeau era diputado del Tercer Estado. Representaba a las ciudades de Aix y Marsella. Durante la primera etapa de la Revolución francesa, se convirtió en una figura clave del gobierno francés.

Mirabeau es una figura complicada. Aunque apoyó el establecimiento de una monarquía constitucional, también insistió en que se mantuvieran las reformas que permitían la libertad de expresión, la libertad de prensa y otras libertades similares. Mirabeau apoyaba las reformas, pero también sabía sabiamente que una vez establecidos estos derechos, no habría forma de hacerlos retroceder. Al mismo tiempo, abogó por el mantenimiento de la monarquía, aunque fuera constitucional.

Mirabeau era una voz de la razón pragmática conocida por la manera bastante dotada que tenía de calmar los nervios de las multitudes agitadas y enfurecidas. En una ocasión, fue capaz de hacer entrar en razón a una multitud de agitados alborotadores en Marsella. Estaban enfadados por los altos precios del pan, pero Mirabeau les recordó lo inútiles que eran sus propias acciones en aquella situación.

Dirigiéndose directamente a la turba enfurecida, razonó: "Pensemos primero en el pan. En la actualidad, queridos amigos, dado que el trigo es caro en todas partes, ¿cómo podría ser barato en Marsella?". Era una afirmación bastante simple, pero devolvió algo de racionalidad a los alborotadores. Todo el país se enfrentaba a precios elevados, así que ¿por qué sentían la necesidad de montar un escándalo por ello? La simple lógica de Mirabeau pareció calar hondo y los alborotadores de Marsella no tardaron en dispersarse.

Mirabeau era un hábil navegante que, a menudo, se movía en dos mundos, con un pie en el palacio real trabajando con el rey y el otro en las calles con la gente común a la que decía defender.

A medida que el tira y afloja entre el rey y los revolucionarios se hacía más y más intenso, Mirabeau sugirió que algunos de los principales jacobinos se convirtieran en miembros del círculo íntimo del rey. En un aparente esfuerzo por invertir el viejo adagio de "Si no puedes con ellos, únete a ellos", Mirabeau estaba sugiriendo básicamente: "Si no puedes con ellos, reclútalos".

Pero no sólo quería quedar bien con los Jacobinos. Era lo suficientemente sabio como para darse cuenta de que una vez que los dirigentes Jacobinos se vieran obligados a abordar los problemas del gobierno francés de primera mano -en otras palabras, intentar encontrar soluciones a los problemas en lugar de quejarse sin cesar de ellos- comprenderían que los problemas a los que se enfrentaban los franceses eran mayores que la monarquía y los clubes políticos. Mirabeau creía que a los Jacobinos les costaría tanto resolverlos como al gobierno francés.

Como sabiamente escribiera Mirabeau: "Se ha prometido al pueblo más de lo que se puede prometer; se le han dado esperanzas que será imposible realizar. En realidad, los gastos del nuevo régimen serán mayores que los del antiguo y, en última instancia, el pueblo juzgará la revolución sólo por este hecho: ¿se necesita más o menos dinero? ¿Están mejor? ¿Tienen más trabajo? ¿Y ese trabajo está mejor pago?".

Al escuchar la predicción de Mirabeau sobre cómo los revolucionarios serían aún peores administradores que los consejeros del rey, casi podemos oír ecos de la sencilla evaluación del ex presidente estadounidense Ronald Reagan: "¿Estás mejor que hace cuatro años?". Por supuesto, Reagan se refería a una administración presidencial anterior, mientras que a los franceses se les planteaba la tarea mucho más formidable de evaluar los restos y las secuelas de su desguace de gran parte de los antiguos protocolos del Antiguo Régimen.

Luego de que los franceses se liberaran de las limitaciones impuestas por la monarquía absoluta, tendrían que hacerse la misma pregunta: ¿estaban mejor? Para muchos, la respuesta sería un claro y rotundo no. En lugar de tener una vida mejor, la Revolución francesa y sus terribles secuelas harían que la vida de muchos fuera mucho peor de lo que nadie podría haber imaginado.

Es cierto que los nobles ideales de la Revolución francesa iniciarían el marco de una sociedad más justa e igualitaria, pero pasaría bastante tiempo antes de que se pusieran realmente en práctica. Irónicamente, el despotismo ilustrado de Napoleón Bonaparte vería algunas aplicaciones a gran escala de las reformas revolucionarias. Por supuesto, también veló por sus propios intereses. Por ejemplo, impuso la esclavitud en las colonias francesas tras su abolición en 1794.

Los Derechos del Hombre y del Ciudadano proclamaban la necesidad de igualdad, libertad de expresión y un gobierno representativo. Y, durante un tiempo, las cosas parecieron prometedoras. Pero al final, casi ninguna de las promesas de la declaración fue cumplida. Toda la noción de libertad de expresión se convertiría en una broma, ya que los franceses no podían ir en contra de los ideales de la Revolución francesa; si lo hacían, podían ser arrestados o incluso perder la cabeza.

Mirabeau era quizás más lúcido que la mayoría, ya que era capaz de comprender estas ramificaciones antes de que se produjeran. Mientras que otros se dejaban llevar por el fervor revolucionario y no veían más allá de sus narices, Mirabeau comprendió sagazmente cuál podría ser el resultado final de todo este tumulto.

El monarca, el rey Luis XVI, poco tendría que ver con estas reformas. De hecho, el rey Luis intentó escapar del país en junio de 1791. Estos esfuerzos fueron en realidad presagiados por un acontecimiento anterior que tuvo lugar el 18 de abril, en el que la pareja fue frustrada cuando intentaba hacer un viaje a St. Cloud. Según el historiador Simon Schama, fue el lunes de Semana Santa cuando la reina y el rey intentaron huir.

Fueron bloqueados por una multitud enfurecida y, una vez más, su propia guardia se volvió contra ellos. Un indignado Luis, que acababa de ceder a numerosas exigencias, declaró su asombro por el hecho de que a él, que acababa de conceder tales libertades al pueblo francés, se le negaran las suyas. El rey estaba prácticamente prisionero y, mientras protestaba, sus propios guardias le proferían insultos. Uno de ellos llegó incluso a llamarlo "cerdo gordo", cuyo apetito agotaba los limitados recursos de Francia.

Al final, el rey y su séquito no tuvieron más remedio que renunciar a su intento de salir de París y regresar a sus cuarteles. Sí, el panadero, su mujer y su hijo (por no hablar de la hija del panadero) eran rehenes de los revolucionarios franceses, que se negaban a entregarlos. Sin embargo, sabiendo que la huida podía ser su única esperanza de salir con vida de aquel calvario, la familia real y su círculo íntimo pasaron los dos meses siguientes planeando meticulosamente su siguiente intento.

Esta vez, partirían en plena noche al amparo de la oscuridad. A los ojos del rey y la reina, parecía que huir sería la única manera de recuperar la libertad y la monarquía. El 20 de junio de 1791, pasada la medianoche, la familia real, totalmente disfrazada, huyó del Hôtel de Ville ante las narices de los inútiles guardias de palacio. Contaban con sus propios destacamentos de tropas reales que los escoltaban por el camino, pero ni siquiera se podía confiar plenamente en ellos. Sin embargo, la realeza no tenía muchas opciones y, en esta atmósfera cargada de intrigas y animosidad, las simpatías de casi todo el mundo eran sospechosas.

Peor aún, a medida que avanzaban en su carruaje, los lugareños comenzaron a reconocer al rey. Aunque iba disfrazado, era difícil no distinguirlo, ya que su rostro aparecía impreso en la moneda francesa. Finalmente, un jefe de correos local llamado Jean-Baptiste Drouet decidió llamar la atención del rey, deteniendo al séquito real en Sainte-Menehould y proclamando en voz alta que los invitados misteriosos no eran otros que los miembros de la realeza que huían.

De hecho, se adelantó al grupo y alertó a las autoridades locales. Fueron retenidos en la residencia del alcalde de la ciudad de Varennes, donde se los hizo esperar su detención y traslado de vuelta a la capital.

Tras la captura del rey y la reina y su regreso a París, la fachada de un monarca absoluto y todopoderoso quedó finalmente desvanecida. Tras conocerse su vergonzoso intento de huir de París en secreto, al pueblo le resultaba difícil confiar en el rey como figura de autoridad. Como dijo el historiador Simon Schama, esta última debacle sólo pareció lograr "la aniquilación de la mística real". El respeto que pudiera quedarle al rey se perdió tras este fallido intento de huida. Finalmente, el rey Luis y su esposa, María Antonieta, fueron arrestados y juzgados como traidores al Estado.

Antes de su caída definitiva, se intentó apuntalarlos. El 15 de julio de 1791, la Asamblea Nacional decidió absolver al rey de toda culpa y seguir adelante con los planes para convertir a Luis en el jefe de una monarquía constitucional. Sin embargo, esta decisión provocó una gran indignación, y pronto una multitud de parisinos salieron en masa a protestar.

El 17 de julio, los manifestantes se reunieron en los terrenos del Campo de Marte, en la zona oeste de París. Se pronunciaron discursos y se firmaron peticiones para denunciar la decisión adoptada. Las manifestaciones no tardaron en desbordarse y se llamó a la Guardia Nacional, encabezada nada menos que por el Marqués de Lafayette. Lafayette también estaba acompañado por el alcalde de París, Jean Sylvain Bailly.

A su llegada, la multitud se volvió contra los guardias. Los manifestantes, cada vez más agitados, gritaban y lanzaban piedras a las tropas. En un momento dado, uno de los guardias disparó su arma. Esta acción hizo que la bola se pusiera en movimiento, y pronto varias de las tropas dispararon contra la multitud.

Se produjo un pandemónium absoluto y los manifestantes se dispersaron. Cuando el humo se disipó, muchos yacían muertos. Se calcula que unos cincuenta manifestantes murieron y muchos más resultaron heridos. Sin embargo, a pesar de la reacción contra esta atrocidad, el impulso hacia el establecimiento de una monarquía constitucional siguió adelante según lo previsto. Y la Primera Constitución francesa sería presentada el 3 de septiembre de 1791.

Esto es significativo porque fue el primer esfuerzo realizado por el gobierno revolucionario, bajo los auspicios de la Asamblea Legislativa, para finalizar por escrito el nuevo marco propuesto para la sociedad francesa. Esta constitución estaba fuertemente influenciada por la Ilustración Europea y la Revolución americana. Sin embargo, muchas de las nociones que contenía ya parecían algo desfasadas con respecto al rápido ritmo de los acontecimientos que se estaban produciendo en todo el territorio.

El rey se vio acorralado y obligado a ceder a prácticamente todas las demandas. Incluso se le cambió el título oficial. Según este documento, pasó de ser "Rey de Francia" a ser simplemente "Rey de los Franceses". Para el observador casual, esto podría no parecer una gran diferencia. Pero marcó toda la diferencia del mundo.

Cuando Luis era el "Rey de Francia", era el monarca absoluto cuyo gobierno era incuestionable. Pero como "Rey de los Franceses", sólo había sido nombrado rey por la gracia del pueblo francés, que le permitió ser rey, no para enseñorearse de ellos como un derecho divino, sino para salvaguardar los intereses y la voluntad del pueblo.

Hasta entonces, la agitación de Francia se había mantenido dentro de sus fronteras, pero pronto se extendería y afectaría al resto del mundo. El 17 de enero de 1792, el Emperador de Austria -y hermano de María Antonieta- Leopoldo II le exigió a los franceses que abandonaran el territorio que habían tomado en Alsacia y que liberaran a la familia real de su arresto domiciliario. El 7 de febrero se formalizó la alianza entre Austria y Prusia.

Los franceses presentaron contrademandas, pidiendo a los austriacos que no interfirieran en los asuntos franceses y respetaran el anterior Tratado de Versalles de 1756. El Tratado de Versalles había convertido a franceses y austriacos en aliados, pero este tratado había sido firmado en épocas diferentes. No obstante, los revolucionarios franceses lanzaron un ultimátum para que Leopoldo II cumpliera este tratado, dándole de plazo hasta el 1 de marzo para confirmar su compromiso de hacerlo.

En una de las extrañas ironías de la historia, Leopoldo II falleció repentinamente el 1 de marzo, justo antes de que expirara el plazo. Lo sucedió su hijo Francisco. Francisco no cumplió el plazo impuesto por los franceses, al igual que su padre. Se interpretó que su silencio sugería su propia intención de guerra.

En abril de 1792, las fuerzas armadas de Francia fueron enviadas a enfrentarse a las fuerzas de Prusia y Austria bajo la premisa de que se estaba creando algún tipo de alianza contrarrevolucionaria para acabar con la revolución. El 20 de abril se declaró oficialmente la guerra a Austria, lo que llevó a Prusia, aliada de Austria, a declararle la guerra a Francia en junio. Este grupo fue conocido como la Primera Coalición.

Las cosas llegarían a un punto crítico en julio de 1792, cuando el duque de Brunswick se unió a los austriacos y dirigió una fuerza prusiana para invadir territorio francés. Esto conduciría a la toma de la ciudad francesa de Verdún el 2 de septiembre. Al año siguiente, se producirían acontecimientos aún más chocantes para Francia. El 21 de enero de 1793, el rey Luis XVI era ejecutado en la guillotina.

Capítulo 4: La Ejecución de Luis XVI y la Primera República

"Tened cuidado de no dejaros llevar por una falsa piedad. Vuestros enemigos no os perdonarán, si se salen con la suya. Nadie aborrece más que yo el derramamiento de sangre, pero si no queréis un verdadero mar de sangre, vosotros mismos debéis extraer algunas gotas. Para conciliar el bienestar público con las necesidades de la humanidad, os propongo que diezméis a los contrarrevolucionarios de la Comuna, la magistratura, los departamentos y la Asamblea Nacional".

-Jean-Paul Marat

Tras estallar la guerra con Austria y Prusia, los revolucionarios consideraron a la familia real un lastre, en el mejor de los casos, y unos traidores en potencia, en el peor. Esto se debía en gran parte al hecho de que la reina estaba emparentada con la Corona austriaca, y se creía que si la realeza no estaba en connivencia directa con los enemigos de Francia, estaba incentivando a sus enemigos a atacarlos.

Esto pareció quedar prácticamente demostrado cuando el comandante de las fuerzas austro-prusianas, el duque de Brunswick, lanzó un manifiesto el 25 de julio de 1792, en el que afirmaba inequívocamente que las fuerzas bajo su mando tenían la intención de intervenir en los asuntos de Francia y restaurar, por la fuerza, la legítima autoridad del rey. También llegó a advertir que si el rey y la reina sufrían algún tipo de daño, habría represalias generalizadas.

Aunque esta amenaza pretendía proteger a la realeza, tuvo el efecto contrario. En lugar de tener cuidado de no dañar a sus rehenes, los revolucionarios más radicales lo tomaron como una razón para deshacerse de ellos. El Manifiesto de Brunswick sólo sirvió para confirmar las sospechas de los revolucionarios de que el rey y la reina eran un lastre del que había que deshacerse cuanto antes.

El 9 de agosto, la Asamblea Legislativa empezó a hablar de despachar al monarca encarcelado. Pero aunque el rey no estaba en condiciones de defenderse, deshacerse de él no sería tarea fácil. Todavía había muchos que temían y quizás se tomaban a pecho la advertencia del duque de Brunswick de que las repercusiones de tomar medidas directas contra el rey serían demasiado grandes.

Sin embargo, los más ruidosos logran convencer a la asamblea para que actúe. Tras varias horas de debate, se decidió que Luis sería juzgado. Pero las palabras de los delegados debían ir acompañadas de la fuerza. Así, el 10 de agosto, enviaron a la Guardia Nacional Jacobina, reforzada por la turba de alborotadores, al palacio de las Tullerías, donde el rey estaba custodiado por 950 de sus leales guardias suizos.

Se dice que una vez que la turba estuvo a las puertas de las Tullerías, la reina María Antonieta fue la más decidida a hacer una última resistencia. Se dice que declaró: "Mejor dejarnos clavar en los muros del Palacio que abandonarlo". Pero su marido no estaba de acuerdo. Decidió que, para evitar más derramamiento de sangre, debía dejarse escoltar hasta la asamblea para responder a los cargos que se le imputaban. Mientras el rey era conducido a la asamblea, la turba cargó contra la Guardia Suiza.

La Guardia Suiza se había mantenido fiel a su posición, pero al recibir la orden del rey, regresó a su cuartel. Cuando intentaron retirarse, la multitud enfurecida se acercó y empezó a dispararles literalmente por la espalda.

El rey, la reina y sus hijos fueron encarcelados en una fortaleza llamada el Templo. Esta fortaleza era ya antigua y, al parecer, la utilizaban nada menos que los templarios (de ahí el nombre de "Templo").

Tal vez fuera un mal presagio para quienes se adentraran en sus muros, ya que los templarios habían corrido una terrible suerte cuando el rey francés decidió acabar con ellos y disolver su orden en el siglo XIV. Tras los gruesos muros del Templo, el rey y la reina estaban completamente aislados y apartados del mundo exterior. Se prohibió toda correspondencia, asegurando así que las potencias extranjeras amigas no supieran nada de su situación.

Los sobrevivientes de la Guardia Suiza fueron encarcelados o asesinados en las calles. En septiembre comenzaron los terribles acontecimientos. Luego de que circularan rumores de que los prisioneros conspiraban para unirse a un ejército invasor, estallaron las masacres. Algunos prisioneros fueron asesinados en el acto, mientras que otros fueron sometidos a un tribunal a las puertas de la prisión. Si eran declarados culpables, como la mayoría, salían para ser asesinados por la turba sedienta de sangre que se había reunido fuera.

El 21 de septiembre de 1792, la asamblea se reunió para abolir oficialmente la monarquía y declarar el gobierno una república. Terminaba así la farsa de la monarquía constitucional francesa. Incluso la forma de dirigirse a Luis había cambiado. Ya no era rey, sino Luis Capeto.

Este nombre se remontaba al antepasado de Luis, Hugo Capeto, quien se convirtió en rey en el año 987, iniciando lo que se conocería como la línea de los Capetos. El rey Luis XVI se sintió ofendido por esta abrogación de su título, ya que lo convertía en ciudadano, no en rey. Cuando el alcalde de París, Aubin Bigore du Chambon, se dirigió a él como tal, Luis replicó indignado: "No soy Luis Capeto. Mis antepasados tenían ese nombre, pero a mí nunca me han llamado así".

Mientras tanto, el 20 de septiembre, el frente bélico francés recibió un importante e inesperado espaldarazo cuando las fuerzas francesas obtuvieron una victoria decisiva en la batalla de Valmy. Los franceses, en muchos sentidos, consideraron la batalla de Valmy como su última batalla. Los austriacos ya habían descendido como una avalancha, tomando las ciudades de Longwy y Verdún. Parecía como si estuvieran en una marcha constante hacia el mismo París.

Como tal, los defensores franceses veían Valmy como sus "Termópilas". La batalla fue considerada una victoria obligada para impedir que los austriacos llegaran a la capital francesa. A pesar de las grandes pérdidas francesas, las líneas francesas resistieron y los austriacos fueron rechazados. Esta victoria se convertiría en un importante punto de inflexión en las guerras revolucionarias francesas.

Por cierto, el famoso poeta y dramaturgo alemán Johann Wolfgang von Goethe viajaba con el ejército austro-prusiano y se dio cuenta de lo desmoralizadas que estaban las tropas. Parecía que todos, a todos los niveles, sabían el desastre colosal que iba a ser Valmy. Goethe recordó más tarde que, dado que era conocido como un herrero de la palabra, se le pidió que pusiera palabras a lo sucedido. Goethe no pudo evitar proclamar: "A partir de este lugar y de este momento comienza una nueva era en la historia del mundo, y todos ustedes pueden decir que estuvieron presentes en su nacimiento".

Uno sólo puede imaginar cómo habría sido si los defensores franceses hubieran fracasado. Tal vez los austriacos habrían marchado sobre París. Tal vez la familia real habría sido rescatada por los antiguos compatriotas de María Antonieta. Pero la historia no fue así.

En lugar de cumplir sus amenazas de agresión, Brunswick se vio obligado a ordenar la retirada de las tropas bajo su mando. El destino de la Primera Coalición recibiría otro golpe el 6 de noviembre, cuando perdieron la batalla de Jemappes. Los franceses se hicieron con una buena parte de lo que hasta entonces habían sido los Países Bajos controlados por los austriacos.

Aquel fatídico 20 de septiembre de 1792 fue disuelta la Asamblea Legislativa que hasta entonces gobernaba Francia, y en su lugar se constituyó la Convención Nacional. La Convención Nacional pretendía la completa destitución de la monarquía francesa, lo que se hizo oficialmente el 21 de septiembre. El 22 de septiembre se proclamó la nueva República francesa.

La familia real francesa permaneció en prisión sin ninguna esperanza de rescate en el horizonte (los supuestos salvadores huían en realidad en la otra dirección). El 17 de enero de 1793, el antiguo rey francés, Luis XVI, fue declarado culpable de traición tras un largo juicio y condenado a muerte. Dado que todos los procedimientos judiciales se decidían y ensayaban de antemano, este "juicio" sólo tenía fines demostrativos. Nunca hubo esperanza de que el rey fuera absuelto.

Sin embargo, la sentencia del rey fue ejecutada el 21 de enero de 1793. Luis fue despertado en la oscuridad de la madrugada. Luego de confesarse por última vez con su sacerdote, fue subido a un carruaje y conducido a la guillotina.

Pidió de antemano que le evitaran la indignidad de que le cortaran el pelo, un requisito previo típico de quien está a punto de ser atravesado por una hoja gigante. Pero incluso esta simple petición fue denegada. Después de que le cortaron el pelo y se hicieron los últimos ajustes en la guillotina, el rey depuesto se dirigió por última vez a la multitud.

Mirando fijamente a la inmensa multitud que esperaba ansiosa su muerte, el rey Luis XVI declaró: "Muero inocente de todos los crímenes que se me imputan; perdono a los que han ocasionado mi muerte; y ruego a Dios que la sangre que vais a derramar nunca se derrame sobre Francia". El resto de las palabras del monarca fueron posteriormente ahogadas cuando los tamborileros recibieron la orden de tocar furiosamente una marcha militar.

Los responsables de la ejecución del monarca derrocado no querían, evidentemente, dar al rey ninguna oportunidad de intentar cambiar los corazones y las mentes de la población francesa. Resignado a su destino, se ordenó al rey Luis XVI que se sometiera a la guillotina. Con un rápido tirón de la cuerda y el aún más rápido silbido de una cuchilla que descendía rápidamente, la cabeza del rey fue cortada.

Cuando el rey Luis XVI perdió la cabeza, los jefes de estado del resto de Europa se horrorizaron. No querían que los ideales revolucionarios se extendieran a sus países, especialmente si eso significaba perder su vida en el proceso. Estaban dispuestos a entrar en guerra. La Convención Nacional francesa lo previó y decidió adelantarse a esas potencias extranjeras declarando la guerra a Holanda y Gran Bretaña. Gran Bretaña y los Países Bajos respondieron y pronto se les unieron otros, principalmente España, Portugal, Toscana y Nápoles, que participarían en la guerra de la Primera Coalición.

En el gobierno francés había quienes pensaban que las amenazas externas podían servir para reforzar las facciones internas. La facción política conocida como los Girondinos intentó unificar los sentimientos nacionalistas franceses durante estos llamados a la guerra. Pero en lugar de unir a los franceses en un fervor patriótico, en París se registraron protestas e incluso disturbios cuando se intentó establecer un servicio militar obligatorio.

El grupo radical de revolucionarios franceses conocido como los Jacobinos estaba en gran parte a cargo de la Convención Nacional. Los Jacobinos sentían aún menos amor por las instituciones tradicionales que sus coetáneos. En su afán de transformación radical, llegaron incluso a cambiar el nombre de los meses del año y los días de la semana. También ampliaron la semana a diez días en lugar de siete. Esto se hizo con la esperanza de oscurecer el tradicional domingo cristiano al situarlo en medio de una semana completa de trabajo y ocio.

Sí, los ateos y agnósticos elitistas franceses se habían hecho con el control y, pensando que sabían más que las masas francesas a las que decían defender, trataron de "curarlas" de su superstición religiosa subsumiendo y enterrando por completo sus impulsos por ella. Además de estas absurdas reformas, también iniciaron lo que se conocería como el Reinado del Terror, una época en la que persiguieron brutalmente a todo aquel que consideraban que no estaba de acuerdo con sus planes.

Desde la toma de la Bastilla, los franceses, independientemente de su clase social, se preocupaban por la seguridad. Los tumultos de la Revolución nunca se calmaron, y en cualquier momento podían producirse estallidos espontáneos de furia animal. Así ocurrió en marzo de 1793, cuando una turba de campesinos se sublevó en la Vendée y atacó con saña a la administración local.

Un niño de siete años, Germain Bethuis, testigo presencial de los hechos, relató más tarde lo que había sucedido aquella mañana. Bethuis declaró: "El sol ya había disipado la niebla y se veía un enjambre compacto de miles de campesinos armados con horcas, cuchillos de desollar, garfios, hoces y no pocas escopetas de caza". Como lo recordaba Germain, "sus salvajes alaridos bastaban por sí solos para sembrar el terror".

Sí, sería impactante para cualquiera enfrentarse a una enfurecida muchedumbre de cientos de personas enardecidas, irracionales y hambrientas. Aunque se intentó razonar con la multitud y satisfacer algunas de sus demandas, pronto se amotinaron y empezaron a saquear cualquier objetivo relacionado con los administradores locales. Ni siquiera el clero se libró de esta embestida. Un sacerdote llamado Pierre Letort fue acorralado y apuñalado en la cara varias veces.

Pero pronto, Francia se enfrentó a problemas aún más acuciantes que las amenazas internas. Los adversarios extranjeros de Francia estaban dispuestos a aprovecharse de la agitación interna del país. El problema más acuciante era la amenaza de Austria. Las tropas francesas estaban siendo demolidas en los campos de batalla de Lovaina y Renania. La falta de autoridad central significaba que cualquier acción concertada se perdía a menudo en un fango desesperante de disputas burocráticas e ineficacia entre las diversas facciones que lideraban la revolución.

Había que hacer algo para estabilizar el caos. Henri-Maximin Isnard, líder del club político conocido como los Girondinos, sugirió la creación de un comité que velara por la seguridad de la población frente a las amenazas internas y externas, sobre las que Isnard y sus colegas habían hablado largo y tendido a finales de 1791. En un intercambio, Isnard llegó a poner a Francia en el punto de mira de la agresión extranjera.

En palabras de Isnard: "Los franceses se han convertido en el primer pueblo del universo. Su conducta debe corresponder a su nuevo destino. Como esclavos eran audaces y grandes; ¿van a ser tímidos y débiles ahora que son libres?".

Henri-Maximin Isnard y sus colegas empezaban a ver su revolución no sólo como un problema francés localizado, sino también como algo de gran importancia en el escenario mundial. Ya no bastaba con derrocar a su gobernante absoluto. También tenían que considerar la posibilidad de actuar contra los demás monarcas de Europa, como los de Gran Bretaña, Austria y Rusia.

La Revolución francesa se estaba transformando en una cruzada contra el propio absolutismo, y los revolucionarios franceses empezaron a verse a sí mismos en el centro de esta lucha por la libertad. Empezaron a sentir que participaban en un juego de suma cero. O ponían a los monarcas de Europa en el lugar que les correspondía, o serían inevitablemente aplastados por los jefes de Estado extranjeros que se aliaban en su contra.

Jacques Pierre Brissot, que asistió a estas graves discusiones, secundó este temor. En palabras del historiador Schama, "Brissot esbozó los rasgos de una vasta conspiración que se extendía por toda Europa, diseñada para aislar y paralizar para siempre el poder francés". Planteando una serie de preguntas retóricas, colocó las piezas del rompecabezas en su sitio. ¿Por qué Rusia había hecho repentinamente las paces en su frontera oriental con Turquía si no era para concentrarse en algo siniestro? ¿Por qué el rey de Suecia, conocido corresponsal de la reina desde su visita a Francia en la década de 1780, había movilizado a sus ejércitos? ¿Por qué los archienemigos Austria y Prusia habían caído en brazos del otro en Pillnitz? La respuesta a todas estas preguntas era una daga que apuntaba directamente al corazón de la única nación de hombres verdaderamente libres del Viejo Mundo".

Los líderes de la Revolución francesa se dieron cuenta de lo que estaba sucediendo. Eran débiles en el interior y se enfrentaban a graves amenazas en el exterior, ya que se estaba formando una vasta coalición contra ellos. Era necesario crear un órgano político especial para hacer frente a todas estas amenazas. Por esta razón se creó el Comité de

Seguridad Pública. Este comité fue oficialmente establecido el 6 de abril de 1793.

El Comité de Seguridad Pública, compuesto por doce diputados, recibió el poder de dirigir las fuerzas armadas de Francia y gobernar la nación francesa. Pero sus investigaciones internas sobre la ciudadanía francesa y la erradicación de supuestos enemigos internos del Estado harían infame a este comité de doce hombres. El Comité tenía la misión de mantener a Francia "segura" y, a ojos de los revolucionarios, cualquiera que hablara en contra de la revolución era considerado un peligro para el Estado. El Comité de Seguridad Pública se consideraba a sí mismo la barandilla de la Revolución francesa. Estaba listo y dispuesto a golpear a cualquiera que se atreviera a apartarse de la línea.

El incendiario jacobino Jean-Paul Marat había sido durante mucho tiempo portavoz oficioso del Club Jacobino a través de su popular periódico *L'Ami du Peuple* o, como se traduce al español, *El Amigo del Pueblo*. Su periódico se hizo famoso durante el apogeo de la Revolución francesa, ya que lanzaba brutales ataques contra el rey y la reina de Francia, convirtiéndose en el vehículo más famoso del descontento popular. El propio Marat fue apodado el "Amigo del Pueblo".

Sin embargo, los girondinos no apreciaban a Marat y consideraban que su retórica hostil y a menudo violenta era útil, sobre todo porque apuntaba a compañeros de la élite revolucionaria. Las tensiones en Francia eran tan fuertes que los revolucionarios estaban más que dispuestos a volcar su ira unos contra otros. La convención política se convirtió en un caos, y girondinos como Marguerite-Élie Gaudet, Maximin Isnard y François Buzot se ensañaron con el líder de los Jacobinos.

Para entender el punto de vista de los Girondinos, es importante comprender sus orígenes y lo que defendían. Los Girondinos surgieron en 1791 durante las sesiones de la Asamblea Legislativa. El grupo, fue forjado por un destacado abogado francés llamado Jacques Pierre Brissot. Gracias a él, la facción girondina fue apodada inicialmente los "Brissotinos". Sólo más tarde, cuando se observó que la mayoría de los miembros de esta facción procedían de Burdeos, situada en lo que se conocía como el departamento de Gironda, el grupo pasó a ser reconocido popularmente como los Girondinos.

Los girondinos abogaron desde el principio por el fin de la monarquía absoluta en favor de un gobierno republicano. Aun así, se los considraba moderados o, al menos, mucho menos radicales que algunos de sus colegas Jacobinos. Los Girondinos hablaron largo y tendido de su deseo de lo que consideraban una Francia libre en la que la libertad y el mérito personal tuvieran la máxima importancia. Y consideraban que un gobierno republicano, con representantes elegidos, era el mejor sistema para garantizar la protección de estas libertades.

Al mismo tiempo, los Girondinos miraban con recelo a sus colegas más radicales de París, que no sólo pedían reformas sino también la nivelación de la sociedad francesa. Los Girondinos buscaban una salida pacífica para el rey -quizás incluso la clemencia- mientras que las facciones más radicales insistían en que el rey debía ser ejecutado. Dado que el rey fue finalmente ejecutado, el planteamiento Girondino más moderado fue claramente desoído. Sin embargo, los Girondinos continuaron expresando sus preocupaciones contra los portavoces más radicales que actuaban en París, como Jean-Paul Marat, a quien sus partidarios habían apodado el "Amigo del Pueblo".

Para demostrar lo mezquinos que eran los ataques, en un determinado momento, uno de los delegados de la convención bromeó diciendo que el estrado debería "desinfectarse después de cada discurso del Amigo del Pueblo". Así pues, por mucho que queramos afirmar que la política actual es nefasta y extrema, basta con echar un vistazo a la política de la Revolución francesa, que tuvo lugar hace más de doscientos años, para darse cuenta de que la política siempre ha sido complicada. De hecho, era peor entonces, como veremos con la historia de Marat.

La política es a menudo comparada con un deporte sangriento, y cuando no existen las barreras adecuadas, las cosas se descontrolan rápidamente. Y en Francia, en la década de 1790, esas barandillas se hicieron añicos. Gaudet gorjeaba que Marat era un "sapo croador", mientras Marat gritaba que Gaudet era un "pájaro vil". Por infantiles y juveniles que parecieran algunos de estos intercambios, también eran peligrosos, ya que los que lanzaban estas púas pretendían que sus oponentes no sólo fueran objeto de burla, sino también deshonrados y posiblemente incluso asesinados.

Los Girondinos querían, sobre todo, acusar a Marat. Afirmaban que incitaba a la violencia y, para demostrarlo, sólo tenían que recurrir a sus escritos. Simon Schama describió bien su táctica cuando afirmó: "Los Girondinos recogieron pruebas de los escritos de Marat para demostrar que había violado la integridad de la Convención al llamar a cometer ataques violentos contra sus miembros".

Estas afirmaciones dieron lugar a un acta de acusación de diecinueve páginas, que fue entregada al Tribunal Revolucionario. Se trataba de un tribunal especial creado por la Convención Nacional en marzo de 1793. Su misión era juzgar a los considerados enemigos de la revolución. En otras palabras, juzgaba a los acusados de participar en actividades contrarrevolucionarias.

Los Girondinos habían acusado a Marat de incitar a la violencia y a la insurrección contra el gobierno revolucionario. Como dice el historiador Simon Schama, "los Girondinos recogieron pruebas de los escritos de Marat para demostrar que había violado la integridad de la Convención al llamar a ataques violentos contra sus miembros".

Los incendiarios artículos redactados por Marat en su periódico eran conocidos por su exagerado estilo y su lenguaje explosivo. Jean-Paul Marat, por su parte, alegó que sus palabras se estaban sacando de contexto y que no todo lo que decía debía tomarse al pie de la letra.

Por supuesto, estas cosas están abiertas a la interpretación. Por ejemplo, Marat escribió sobre su "pesar" por el hecho de que "unos cientos de cabezas hubieran sido perdonadas para preservar a cientos de miles de inocentes". Sí, sus palabras pueden interpretarse literalmente como una apología de la violencia, pero también pueden verse como retórica utilizada para expresar un punto de vista.

En cualquier caso, la acusación siguió adelante y Marat fue a juicio. Pero si los Girondinos pensaban que tenían a su archienemigo contra las cuerdas, estaban muy equivocados. En lugar de empañar su imagen, la persecución política de la que fue objeto el incondicional Jacobino elevó su perfil y lo hizo más popular que nunca.

Cuando compareció ante el tribunal, recibió una gran ovación. Es fácil imaginar la conmoción y la consternación de los Girondinos al ver que el hombre al que habían perseguido era objeto de una erupción espontánea de elogios. Cuando Marat tuvo la oportunidad de decir lo que pensaba, todo había terminado. El mayor don de Marat eran sus palabras, y su defensa fue tan brillante y precisa que incluso los jueces seleccionados por los Girondinos se inclinaron de su lado.

Para disgusto de los Girondinos, Marat fue absuelto. En lugar de ir a la cárcel o enfrentarse a la guillotina, Marat salió del tribunal como un héroe, y un verdadero desfile lo siguió por las calles. Para celebrar la absolución de Marat, los Jacobinos organizaron una gran fiesta el 26 de abril, en la que parecía que toda Francia estaba presente.

Los Girondinos se habían vuelto cada vez más impopulares. Su impopularidad no se vio favorecida cuando, a principios de mayo, se opusieron al control de los precios del grano. En ese momento, la suerte política de los Girondinos comenzó a decaer considerablemente. El 16 de mayo, Isnard es nombrado Presidente de la Convención Nacional, y es gracias a sus esfuerzos que se hace un último esfuerzo para cambiar la suerte política del partido.

Maximin Isnard fue radical en su planteamiento, sugiriendo que se estaba tramando la disolución de la Convención Nacional. En un momento dado, Isnard se dirigió a los miembros de la Convención Nacional y pintó un panorama bastante funesto del futuro de Francia si no se desbarataban tales complots. Isnard les gritó a los reunidos: "Os digo, en nombre de toda Francia, que si estas interminables insurrecciones causan daño al parlamento de la nación, París será aniquilada, y los hombres buscarán en las orillas del Sena señales de la ciudad".

Los Jacobinos empezaron a afirmar que los Girondinos eran responsables de una conspiración contrarrevolucionaria. Finalmente, los Girondinos fueron expulsados de la Convención Nacional y puestos bajo arresto domiciliario, perdiendo así toda la influencia que les quedaba aquel mes de junio.

Crecía el enfado entre quienes se sentían políticamente excluidos y, el 13 de junio, uno de ellos tomó cartas en el asunto. Se llamaba Charlotte Corday. Procedía de una familia de la región francesa de Normandía. Tras la disolución de los Girondinos, muchos de sus exiliados llegaron a Normandía y difundieron la noticia de su supuesta persecución política. Sus relatos conmovieron los corazones de muchos, y Corday se sintió inspirada para actuar. Simpatizaba con los Girondinos, que trataban de impedir que la violencia se extendiera. Viajó a París y buscó a Marat.

La mañana del 13 de julio llamó a su puerta y le pidió una audiencia. Le mintió diciendo que tenía información sobre los traidores de Normandía. A pesar de ser rechazada, Marat la admitió cuando regresó por la noche. Marat le concedió una audiencia mientras él se bañaba en la bañera (estaba enfermo de la piel). Corday le dio los nombres de los Girondinos, pero luego le clavó un cuchillo en el pecho. Al oír sus gritos, la prometida de Marat, Simonne Evrard, entró corriendo en la habitación. Puso la mano sobre la herida para tratar de impedir que la sangre se derramara.

Sin embargo, fue inútil. Charlotte Corday, en su furia desenfrenada, le clavó el cuchillo en una arteria y Marat murió desangrado. Este asesinato, de gran repercusión, acabó por favorecer a los Jacobinos, dándoles más razones para adoptar medidas severas en aras de la "seguridad" de la población. El Amigo del Pueblo había sido derrocado, y ahora el Comité de Seguridad Pública tenía que asegurarse de que se restablecía el orden.

El 27 de julio de 1793, el incendiario revolucionario jacobino Maximilien Robespierre fue nombrado miembro del comité. Este grupo, creado para velar por la seguridad, se convertiría en el ejecutor del Reino del Terror, ya que le correspondía ejecutar los decretos de la Convención Nacional.

Curiosamente, Robespierre, un Jacobino con carné, sospechaba inicialmente del comité, ya que había sido establecido por Isnard, que era un Girondino. En un principio, Robespierre se preguntó si el comité no sería una toma de poder burocrática por parte de los Girondinos. Sin embargo, Robespierre sería seducido por la capacidad del comité para restablecer el control centralizado sobre la coerción oficial, sancionada por el Estado, y se convertiría en el jefe no oficial del mismo.

El escritor e historiador Simon Schama se refirió a esto nada menos que como "la reconquista del monopolio estatal de la violencia autorizada". Y eso, era precisamente lo que pretendía conseguir el Comité de Seguridad Pública. Desde el derrocamiento del Antiguo Régimen y la caída del rey, se había perdido prácticamente todo respeto por la autoridad autorizada por el Estado. El antiguo régimen había sido desmantelado y ya no se respetaba la antigua autoridad.

El Comité de Seguridad Pública intentaba imponerse como la nueva autoridad y el único organismo gubernamental legítimo para infligir dolor, sufrimiento y muerte a la población si los miembros del comité lo consideraban necesario. Los Estados-nación deben tener ley y orden. Pero la naturaleza de esa ley y ese orden depende de quién maneje los resortes del poder.

Si se establecen controles y equilibrios adecuados, debería haber cierto sentido de justicia y equidad en la aplicación de la ley y el orden y de las medidas coercitivas del Estado. Pero si al volante sólo hay una docena de compinches con intenciones, motivos, persuasiones políticas y objetivos cuestionables, puede ocurrir cualquier cosa. Y eso fue precisamente lo que ocurrió en Francia.

Sin embargo, el comité sabía que para convertirse en la autoridad suprema francesa tenía que hacer frente a las turbas asesinas que la revolución había creado. Era su trabajo hacer retroceder a los mismos monstruos que habían creado. Y es aquí donde vemos los primeros signos de una decisiva división entre la intelectualidad francesa y los manifestantes de la calle.

En primer lugar, estos dos elementos combinados habían constituido la fórmula básica de la Revolución francesa. La intelectualidad aportaba el cerebro, y las turbas violentas de las calles, la fuerza muscular. Esta combinación mortífera, en la que alborotadores con pan y cabezas ensangrentadas en picas coreaban las consignas de los panfletos políticos redactados por los intelectuales, puso de rodillas al Antiguo Régimen.

Pero ahora, la intelectualidad volvía su mirada hacia los rebeldes de la calle. La primera señal de este cambio se produjo en febrero de 1792, cuando los alborotadores, enfurecidos por el aumento de los precios en las tiendas, asaltaron los mercados. No siempre robaban. Muchos de ellos pagaban precios que consideraban justos. Sin embargo, estos alborotadores no tenían ni idea de que los comerciantes eran tan víctimas de los altos precios como ellos.

Los comerciantes tenían que hacer frente a los precios inflados de los mayoristas de los que obtenían sus productos. Y el hecho de que los alborotadores pagasen a los tenderos sólo una fracción de los precios inflados que habían fijado significaba que los tenderos perdían dinero y corrían el riesgo de quebrar. Los líderes de la revolución sabían que los alborotadores empeoraban las cosas. Maximilien Robespierre estaba enfurecido por las acciones de los manifestantes, especialmente porque su principal preocupación era lo que él llamaba burlonamente mera "mercancía miserable". El hecho de que despreciara así la necesidad de los hambrientos es un claro indicio de que a Robespierre no le importaba realmente el sufrimiento del pueblo francés. Las masas hambrientas sólo querían pan para alimentar a sus familias. No era un mero deseo de mísera mercancía, era un deseo de supervivencia en tiempos extraordinariamente difíciles.

Robespierre no tenía paciencia para las preocupaciones cotidianas de los manifestantes en la calle. Lo que más deseaba era una reforma total de la sociedad francesa. Muchos de los que saquearon las tiendas sólo querían que bajara el precio del pan. No les importaban en absoluto los "ideales" promovidos por Robespierre y los de su calaña. Sólo querían comida.

En otros tiempos, los intelectuales utilizaban su furia por los altos precios para conseguir que las masas hicieran lo que ellos querían. Sin embargo, una vez deshecho el Antiguo Régimen, a los intelectuales ya no les importaban las pequeñas preocupaciones sobre -como dijo Robespierre- la mercancía de la despensa. Así que, como ya se ha mencionado, se formó un comité para ayudar a poner fin a las protestas por los altos precios, la misma cosa que había desencadenado la revolución en primer lugar. Aquellos que realmente lo pensaron debieron darse cuenta de lo ridículo y absurdo que era todo esto.

Era tan absurdo como engañoso. Los mismos intelectuales que estaban más que dispuestos a hacer caer el martillo sobre los campesinos eran los mismos que habían avivado las llamas de la revolución en los años anteriores. Cuando el rey y la reina estaban al mando, se lanzaban alegremente panfletos tras panfletos, acusando a los comerciantes y al Antiguo Régimen de precios abusivos o incluso de una gran conspiración para infligir hambruna a propósito.

Cuando el rey estaba en el poder, estaba muy bien mentir y exagerar para provocar la violencia de las masas, pero cuando los revolucionarios estaban en el poder, se olvidaban de las tonterías sobre los precios abusivos y las conspiraciones, porque sabían que lo que estaba en juego era su propio beneficio. Sabían que no eran los precios abusivos los causantes de la grave situación económica, sino la inflación galopante y fuera de control.

Los revolucionarios se dieron cuenta además de que no estaban mejor preparados que el Antiguo Régimen para solucionar los problemas económicos. Pero aun así, querían que los manifestantes se callaran y estaban dispuestos a reunir todas las fuerzas a su disposición para silenciarlos. La ironía de la situación no pasó desapercibida para los principales intelectuales de la revolución.

Quizás Louis Antoine Léon de Saint-Just, figura revolucionaria e incendiario, lo resumió mejor cuando habló de cómo "la miseria había dado origen a la revolución" y de que "la miseria podía destruirla". Se decidió que las pasiones que desencadenaron la Revolución francesa -las mismas pasiones que la intelectualidad había inflamado- necesitaban ser extinguidas.

Capítulo 5: Las Guerras Revolucionarias se Intensifican

"La Revolución había sido preparada por las clases más civilizadas de la nación y llevada a cabo por las personas más incivilizadas y rudas".

-Alexis de Tocqueville

La amenaza de una intervención exterior se cernía sobre Francia desde hacía tiempo. Francia, había pasado la mayor parte de varios años como una antigua monarquía sumiéndose rápidamente en el caos. Aunque en un principio los británicos vieran con regocijo la desgracia de sus rivales franceses, al igual que los austriacos, estaban cada vez más preocupados.

Como ya se ha mencionado, la reina de Francia, María Antonieta, procedía de la realeza austriaca. El emperador austriaco, Leopoldo II, era su hermano. Leopoldo II se mostraba preocupado pero cauto cuando se trataba de conflictos con Francia. Sin embargo, tras su abrupto fallecimiento, Francisco, su sucesor, se mostró mucho más audaz.

Se discute si esta audacia puede atribuirse a Francisco o a sus gestores. Los eruditos han argumentado que fueron los consejeros del nuevo monarca, más que Francisco, quienes impulsaron la guerra. Y se supone que estos consejeros se envalentonaron aún más, ya que recibían información periódica sobre las posiciones de las tropas francesas a través de la correspondencia regular con María Antonieta.

Sí, cuando la reina fue juzgada por traición, había indicios de que las acusaciones podían tener algo de verdad. Pero aun así, uno no puede evitar simpatizar con la reina. Su marido había sido asesinado y ella era prisionera de las fuerzas revolucionarias. ¿Quién puede culparla por tratar de solicitar ayuda a su familia en Austria?

Con este telón político de fondo, la guerra de la Primera Coalición tomó forma. Al principio, Francia parecía estar en apuros. El 2 de septiembre de 1793, la flota francesa se vio obligada a rendirse a las fuerzas británicas en la ciudad portuaria de Toulon. Fue un golpe duro. Francia tenía un ejército, pero carecía de una flota adecuada.

Las deficiencias de la armada francesa serían un problema duradero durante toda la revolución, así como en las futuras guerras napoleónicas. La ciudad portuaria sería reconquistada el 15 de diciembre de 1793 por el propio General Napoleón Bonaparte. Napoleón sólo tenía entonces veinticuatro años, pero ya era una estrella ascendente en el ejército francés. Sus esfuerzos se hicieron notar, y posteriormente fue puesto al mando de la artillería francesa.

A continuación, Napoleón participó en el asedio de las posiciones británicas en el fuerte de l'Eguillette, en Toulon. Durante este intercambio, el audaz joven Napoleón se puso en peligro una y otra vez. En una ocasión, una bala de cañón pasó a su lado. Aunque no lo alcanzó, estaba tan cerca que la fuerza de la bala lo hizo caer como si hubiera sido golpeado. Uno sólo puede imaginar el asombro de aquellos bajo su mando al ver a Bonaparte saltar de nuevo después de este casi fallo para hacerse cargo de sus tropas.

Al final del día, Napoleón y sus tropas lograron asaltar la fortaleza e izar de nuevo la bandera francesa en Tolón. Napoleón también se congració con los Robespierre, en particular con Agustín, el hermano de Maximilien. Pero fue un pequeño consuelo tras la destrucción de la flota francesa el 18 de diciembre de 1793.

Por muy duro que fuera este golpe, las autoridades francesas recibieron otro de carácter interno cuando el campesinado francés, increíblemente miserable y hambriento, apareció en masa en el Hôtel de Ville de París en septiembre de 1793, gritando su viejo y familiar grito de "¡Pan! ¡Pan! ¡Necesitamos pan!".

Uno casi puede imaginarse el angustioso espectáculo de esta pobre chusma hambrienta y totalmente desinformada, vestida con harapos y coreando casi como zombis para conseguir algo de comer. Una situación así no podía ignorarse. Una autoridad de la comuna francesa de París, Pierre Gaspard "Anaxágoras" Chaumette, trató de calmar los crispados nervios de la población anunciando que se pondrían en marcha controles de precios para bajar el precio del pan antes del fin de semana.

Sin embargo, los manifestantes se negaron a dispersarse y exigieron una solución inmediata a la escasez. Pierre Chaumette intentó entonces posicionarse bajo una luz más comprensiva, gritándole a los congregados: "¡Bueno, yo también he sido pobre y, por tanto, sé lo que es ser pobre! Esta es una guerra abierta de los ricos contra los pobres; quieren aplastarnos; pues bien, debemos impedírselo. Debemos aplastarlos nosotros mismos; ¡tenemos la fuerza para hacerlo!".

Una vez más, Pierre Chaumette se inventó un enemigo imaginario: "los ricos". Chaumette era bien conocido por sus intentos de crear enemigos donde no los había. Justo antes de la ejecución del rey Luis XVI, declaró que gran parte de los problemas a los que se enfrentaban los franceses se debían simplemente a que el rey seguía vivo, como si el mero hecho de que el monarca siguiera respirando fuera la única razón de la inflación, el malestar interno y las nubes de guerra que se cernían en el horizonte.

Pero incluso con el rey muerto, gente como Chaumette seguía buscando enemigos a quienes culpar de los problemas de Francia. Después de bromear con la multitud de esta manera, se sugirió a los manifestantes que volvieran al día siguiente, el 5 de septiembre, cuando se reuniera la Convención Nacional, para que pudieran hablar abiertamente de sus quejas.

Los manifestantes decidieron hacerlo y, como un reloj, se presentaron en la Convención Nacional tal como se les había sugerido. Pero no iban a esperar a que terminaran los discursos de los delegados. En lugar de eso, irrumpieron en la sala y empezaron a utilizar la fuerza bruta contra aquellos que, según les dijeron, les estaban ocultando algo. Los Jacobinos, que reinaban en el poder, estaban preparados. Con una *Armée Révolutionnaire* ("ejército de la revolución") recién reorganizado, sofocaron a los manifestantes e instituyeron una represión que se conocería como el Reinado del Terror.

Capítulo 6: Un Terror Revolucionario en su Centro

"Tú que sostienes al país vacilante contra el torrente del despotismo y la intriga, tú a quien conozco como conozco a Dios por tus milagros, me dirijo a ti, monsieur, para rogarte que te unas a mí para salvar a mi pobre región. No le conozco, pero es usted un gran hombre. No sois simplemente el diputado de una provincia; sois el representante de la humanidad y de la república".

-Louis Antoine Saint-Just

El inicio del llamado "Reinado del Terror" dejaría innumerables muertos y encarcelados. Aunque algunos estudiosos discrepan sobre la fecha de inicio del Reinado del Terror, la mayoría coincide en que comenzó con una represión inspirada por los Jacobinos que se instituyó el 5 de septiembre de 1793. Aunque nadie conoce el número exacto, los historiadores estiman que decenas de miles de personas perecieron durante este terrible episodio de la historia francesa.

Su final puede afirmarse de forma definitiva, ya que en general se admite que llegó a su fin cuando su arquitecto, Maximilien Robespierre, y sus compinches se convirtieron en sus últimas víctimas. Robespierre se enfrentó a su propia ejecución el 28 de julio de 1794. Pero ocurrieron muchas cosas en esos casi once fatídicos meses de opresión. El primer hito importante se produjo el 29 de septiembre de 1793, cuando se promulgó la Ley de Sospechosos.

Esta ley estableció en la legislación francesa los procedimientos exactos para acabar con los supuestos enemigos del Estado. Se puso en marcha un programa nacional de vigilancia en el que se detenía a todo aquel que fuera considerado subversivo. Sí, irónicamente, por mucho que los filósofos franceses prerrevolucionarios se opusieran a las inquisiciones española, portuguesa y romana, los sucesores de la Revolución francesa decidieron que ya era hora de instituir una inquisición propia.

Se dice que durante este periodo, cientos de miles de personas -algunos estiman que alrededor de 500.000- fueron detenidas. El hecho de que cualquier persona pudiera ser detenida, por cualquier motivo, suponía una clara desviación de los supuestos elevados objetivos de la Revolución francesa y de las libertades explícitamente mencionadas en la Declaración de los Derechos del Hombre y del Ciudadano.

Sin embargo, el líder Jacobino Maximilien Robespierre no tenía ningún problema en utilizar la fuerza para asegurar su visión del futuro de Francia. No tenía reparos en llevar a supuestos sospechosos ante los tribunales por los cargos más endebles. Como el propio Robespierre dijo en su momento: "La notoriedad pública acusa a un ciudadano de crímenes de los que no existen pruebas escritas, pero cuya prueba está en el corazón de todos los ciudadanos indignados".

¿Qué significa eso? Robespierre, con sus escalofriantes y crípticas palabras, está afirmando básicamente que no es necesario que exista ninguna prueba real y legal de que existe un delito, siempre y cuando se considere que alguien está en desacuerdo con el corazón de la revolución. Si se creía que una persona era subversiva con los ideales de la revolución, podía esperar la ira que brotaba de, como dijo Robespierre, "el corazón de todos los ciudadanos indignados".

Es realmente escalofriante contemplarlo. El Reinado del Terror comenzó como una represión coercitiva contra las protestas alborotadas por el precio del pan. Sin embargo, la mayoría de los detenidos durante este periodo eran sospechosos de conspirar directamente contra el gobierno revolucionario. La religión jugó en ocasiones un papel importante, ya que el cristianismo fue activamente reprimido. El cristianismo llegó a considerarse potencialmente subversivo, por lo que las muestras externas de fe podían acarrear muchos problemas con los revolucionarios. Según el escritor e historiador Ian Davidson, si alguien era sorprendido exhibiendo abiertamente un crucifijo, podía ser detenido para ser interrogado.

La sociedad francesa fue testigo de la ruptura total de la confianza entre amigos y vecinos. Como siempre ocurre, cuando la sociedad se ve obligada a mirar hacia dentro en busca de "enemigos", los amigos, vecinos e incluso familiares se vuelven unos contra otros, y las viejas rencillas se resuelven bajo el pretexto de algo más grande que ellas mismas. En el caso de la Francia de la década de 1790, ese algo mayor era el fervor revolucionario.

El estimado erudito e historiador francés Jules Michelet admitió abiertamente que los Jacobinos eran la "policía del pensamiento de la revolución". En palabras de Michelet: "No era poca cosa ser excluido de los Jacobinos. Esta formidable sociedad, aunque mantenía la forma de un club, era en realidad un gran jurado de acusadores. Su lista de miembros era el libro de la vida o de la muerte".

Una persona que sin duda no encajaba en este club revolucionario era la antigua reina de Francia, María Antonieta. Quizás el foco más odiado de la revolución, consiguió sobrevivir a su marido, ejecutado en la guillotina en enero de 1793. Sin embargo, la vida de María no duraría mucho, ya que la policía del pensamiento de la revolución encontró la forma de acabar también con ella. Inmediatamente después de la muerte de su marido, María Antonieta fue puesta bajo vigilancia en el palacio prisión del Templo.

Se esperaba que la ex reina francesa permaneciera fuera de la vista y de la mente de los franceses. Sin embargo, durante el verano de 1793, sus guardianes se sorprendieron al descubrir que se había corrido la voz de que la reina había estado tratando con ternura a sus dos hijos -la hija y el hijo que le sobreviven- desde sus dependencias en el Templo.

Por absurdo que pudiera parecer, los manipuladores de María Antonieta se alarmaron ante la posibilidad de que la deshumanización de la ex reina resultara contraproducente. Temían que, si la noticia se difundía y la gente chismorreaba por la calle que la reina era una madre cariñosa y desinteresada, todo el esfuerzo que habían dedicado a pintarla como un monstruo terrible quedaría en nada. Al fin y al cabo, es difícil denigrar a una persona bondadosa.

Para evitar que las habladurías continuaran, el hijo de siete años de María Antonieta, Luis Carlos, fue arrancado de su lado. El niño fue trasladado a una celda debajo de los aposentos de la reina, donde ella podía oír sus desdichados sollozos, pero no hacer absolutamente nada para consolarlo. El pobre Luis moriría, encerrado en su habitación, en 1795. Sólo tenía diez años.

María Antonieta fue finalmente llevada ante el tribunal el 14 de octubre de 1793. Como era de esperar, fue acusada de traición. Se le imputaron los mismos cargos de siempre, utilizando sus raíces ancestrales en Austria para sugerir que estaba confabulada con el gobierno austriaco, con el que Francia estaba en guerra.

A pesar de la gravedad de la situación y teniendo en cuenta lo que ya había sufrido con la ejecución de su marido y todas las demás privaciones que se le habían impuesto, se manejó bien. Negó a sus enemigos el placer de verla arrastrarse ante ellos, pues se dice que se mantuvo firme y respondió a todas las preguntas que le hicieron con un tono de voz firme y seguro.

Negó cualquier delito e insistió en que la felicidad de los franceses fue siempre su principal objetivo y el de su marido. Sin embargo, fue declarada culpable y acabó perdiendo la cabeza en la guillotina el 16 de octubre de 1793. La mañana anterior a su ejecución, María Antonieta consiguió escribir una última nota a su cuñada Isabel.

La carta comienza así:

"Es a ti, hermana mía, a quien escribo por última vez. Acabo de ser condenada, no a una muerte vergonzosa, pues tal es sólo para criminales, sino a ir a reunirme con tu hermano".

La reina condenada se refiere, por supuesto, a su marido, quien ya había sido guillotinado. Le recuerda a su cuñada Isabel que, digan lo que digan, ella puede ver a través de la condena que se les ha impuesto. Aunque ambos miembros de la realeza recibieran las penas más duras, ella no se veía a sí misma y a su marido como criminales merecedores de una muerte vergonzosa.

Y añade: "Inocente como él, espero mostrar la misma firmeza en mis últimos momentos. Estoy tranquila, como lo está uno cuando su conciencia no le reprocha nada".

Aquí, la reina vuelve a insistir en que su conciencia está tranquila. Es cierto que la reina fue injustamente señalada desde el principio de su reinado, pero el hecho de que se niegue siquiera a reconocer que pudo haber errores por parte de la realeza se aleja de la reacción del rey Luis XVI. Aunque el rey Luis pensaba que él y su esposa habían sido injustamente atacados y deshumanizados por la intelectualidad, estaba dispuesto a reconocer sus errores pasados.

La mayor preocupación de María Antonieta fueron siempre sus hijos, de quienes sabía que tendrían que vivir el resto de sus vidas (por cortas que fueran) sin ninguno de sus padres. Con este fin, le suplicó a su cuñada Elisabeth, "que por amor lo ha sacrificado todo para estar con nosotros", que velara por el bienestar de sus dos hijos sobrevivientes.

Su hijo, como ya se ha mencionado, murió en su celda en 1795. Es difícil saber a qué problemas se enfrentó, aunque parece que fue tratado con cierto respeto. Sin embargo, durante su autopsia, su cuerpo presentaba marcas por todas partes, como si hubiera sido golpeado. La hija de María Antonieta, Marie-Thérèse, sobreviviría al Reinado del Terror. Fue liberada el 18 de diciembre de 1795 y se dirigió a Viena, donde sabía que sería bien recibida.

A continuación, María Antonieta añade: "Me he enterado por el proceso de mi juicio de que mi hija ha sido separada de vosotros. ¡Ay! Pobre niña; no me atrevo a escribirle; no recibiría mi carta. Ni siquiera sé si ésta le llegará".

La reina tenía razón al suponerlo, ya que su última misiva no llegó a su destinatario. Elisabeth ni siquiera llegó a saber que la carta existía. Sería condenada a muerte en la guillotina en mayo de 1794.

La carta de María Antonieta continúa, con la esperanza de que su hijo e hija sobrevivientes aprendan a apoyarse mutuamente a través de las muchas penas, pruebas y tribulaciones a las que probablemente se enfrentarían tras su fallecimiento.

La reina condenada aconsejó: "En resumen, que ambos sientan que, en cualquier posición en la que se encuentren, nunca serán verdaderamente felices si no es a través de su unión. Que sigan nuestro ejemplo. En nuestras propias desgracias, ¡cuánto consuelo nos ha proporcionado nuestro mutuo afecto! Y, en tiempos de felicidad, lo hemos disfrutado doblemente al poder compartirlo con un amigo; ¿y dónde se pueden encontrar amigos más tiernos y más unidos que en la propia familia?".

En la carta, la reina María Antonieta dirige entonces su atención hacia su hijo. Le pide a Elisabeth que se asegure de que el niño guarde a su padre en su memoria, pero también le advierte de que no tenga ninguna idea de buscar venganza.

Escribe: "Que mi hijo nunca olvide las últimas palabras de su padre, que repito enfáticamente; que nunca busque vengar nuestras muertes".

Estas últimas palabras de la reina invitan a la reflexión. En ellas sugiere firmemente que su hijo no busque venganza contra los perseguidores de su marido y de ella.

Tal vez sea un poco difícil entrar en la mente de esta sentenciada monarca, pero cabe preguntarse si imaginaba un futuro en el que la monarquía fuera restaurada y su hijo estuviera a la cabeza. ¿Imaginaba a su hijo sentado en el trono como un adulto y contemplando cómo se vengaría de aquellos que habían agraviado a sus padres?

En cierto modo, debido a las incesantes descripciones negativas de María Antonieta por parte de sus detractores y a algunas de sus propias declaraciones, resulta difícil imaginarla deseando tal magnanimidad a quienes la persiguieron a ella y a su familia. Pero en uno de sus últimos momentos de vida, pareció creer que su hijo debía mostrar piedad y moderación si llegaba a tomar el poder sobre Francia.

Tal vez, María Antonieta estuviera influida por las enseñanzas cristianas sobre la misericordia y el perdón. Pero quizá fuera lo bastante sabia como para saber que un ciclo de retribución no sería un buen augurio para ninguna monarquía. Y la historia acabaría por confirmarlo cuando la monarquía fue restaurada más tarde bajo el hermano de Luis XVI, Luis XVIII.

Luis XVIII consideró que lo mejor era perdonar y olvidar cuanto antes las terribles ofensas que se habían cometido. Tal y como María Antonieta había afirmado en su última carta, parecía que la única manera de salir del terrible ciclo de odio, agravio y represalias en el que se encontraba Francia era perdonar, olvidar y seguir adelante en la medida de lo posible.

No podemos olvidar, por supuesto, que en estas últimas palabras de María Antonieta no sólo vemos las últimas palabras de una monarca, sino también las súplicas de una madre preocupada. Aunque la estoica reina se resignaba a su propio destino, estaba profundamente angustiada por lo que pudiera ocurrirles a sus hijos. El hijo de la reina es un indicio de la discordia familiar, ya que ella insta a su cuñada a tener paciencia con el niño, quien al parecer ya le había causado cierta angustia.

María Antonieta termina su misiva diciendo: "Adiós, mi buena y tierna hermana. Que esta carta te llegue. Piensa siempre en mí; te abrazo con todo mi corazón, como a mis pobres y queridos hijos. Dios mío, ¡qué desgarrador es dejarlos para siempre! ¡Adiós! ¡Adiós!".

La carta no llegó a manos de Elisabeth, pues el fiscal, Antoine Quentin Fouquier-Tinville, se apoderó de ella y la guardó junto con sus efectos personales. Aunque la nota no llegó a su destinatario, se convirtió más tarde en un inesperado tesoro para los historiadores, al marcar los últimos momentos previos al fallecimiento de la ex reina de Francia.

En cualquier caso, poco después de que se escribieran estas sentidas palabras, María Antonieta fue conducida a la guillotina para encontrar su prematuro final. Fue sacada de su celda alrededor de las siete de la mañana y colocada en un carruaje abierto (algunos lo describen más como un carro), donde estuvo completamente expuesta a los elementos, incluyendo cualquier cosa que la multitud pudiera arrojarle. Para colmo, su transporte se detuvo a propósito en más de una ocasión para que sus cuidadores pudieran señalarla a la multitud.

En esos momentos, las multitudes de antiguos súbditos de María Antonieta se burlaban de ella y le lanzaban todo tipo de improperios y crueles burlas. Sin embargo, se dice que ella se mantuvo estoica y fuerte y no se rebajó a su nivel. En lugar de gritarle a la turba, se la oyó rezarle a Dios. Aunque se trataba de la ejecución de un antiguo monarca, María Antonieta asumió en muchos sentidos el papel de mártir.

La muerte de María Antonieta fue tan dramática como la de los santos llevados a la hoguera o arrojados a los leones. La procesión hasta la guillotina fue un calvario, y ya era mediodía cuando la ex reina llegó a su destino. Estoica y refinada hasta el final, se dice que sus últimas palabras se produjeron cuando pisó accidentalmente el pie de su verdugo. Se la oyó decirle: "Perdone, señor, no lo he hecho a propósito".

Era como si María Antonieta estuviera resignada a su destino y decidida a contrastar con la turba sedienta de sangre que aullaba por su muerte. A diferencia de quienes clamaban por su muerte, ella quería dejar absolutamente claro que no sentía rencor alguno. Mientras caía la guillotina, permaneció callada. Y sin ninguna señal de protesta, la vida de la reina se había apagado.

Aún más decisivo para el curso de la revolución fue lo que ocurrió un par de semanas después. El 31 de octubre, veintiún líderes de los Girondinos, caídos en desgracia y desmovilizados, fueron ejecutados. A partir de ese momento, ni siquiera se pretendió hacer justicia. Según el historiador francés Michelet, "no hubo hipocresía en el juicio. Todo el mundo vio enseguida que sólo se trataba de matar. Hicieron caso omiso de todas las formalidades todavía habituales en esta época en el Tribunal revolucionario. No se presentó ningún documento. No hubo abogados para la defensa. A varios de los acusados no se les permitió hablar".

La propaganda de la élite intelectual había caído en saco roto. Hasta el más simple de los simplones podía ver que les estaban tapando los ojos y que los elitistas tenían las manos manchadas de sangre. No había manera de endulzar el hecho de que la sed de sangre se estaba llevando a cabo, a nivel oficial, a través de los órganos del Estado.

Los juicios de exhibición consisten en sacar a la gente y condenarla públicamente sin ninguna esperanza de recurso o defensa. Y eso es lo que ocurrió con estos antiguos líderes de los Girondinos condenados. Sí, el Halloween de 1793 fue espeluznante: los últimos vestigios de los Girondinos fueron aplastados por la bota Jacobina.

Cabe señalar que la primera Constitución francesa ya había sido desechada en ese momento en favor de otra constitución, que fue parcialmente redactada por el principal arquitecto Jacobino del Reinado del Terror, Maximilien Robespierre. Esta nueva constitución fue adoptada formalmente en junio de 1793. La supuesta monarquía constitucional de la primera constitución quedó anulada luego de que el rey perdiera la cabeza. Así pues, el ímpetu obvio de Robespierre era forjar una constitución que no necesitara la participación de un monarca.

Además de abolir la necesidad de la monarquía, el documento ampliaba en gran medida las virtudes originales declaradas en la Declaración de los Derechos del Hombre y del Ciudadano. En particular, pretendía garantizar cosas como la soberanía popular, el derecho de asociación y el derecho a resistir la opresión. El derecho a resistir la opresión era el más vago de estos supuestos derechos. ¿Cómo se define la opresión? ¿Y cómo puede uno decir que no estaba siendo oprimido en ese momento? Después de todo, el Reinado del Terror estaba en pleno apogeo, con múltiples dedos apuntando en múltiples direcciones a múltiples opresores, tanto reales como imaginarios.

El Reino del Terror, apoyado por los Jacobinos, tuvo tal alcance que en diciembre de ese año, sólo en París, funcionaban más de cincuenta centros de detención. Y en ese mes de diciembre, contenían unas setenta mil almas entre todos ellos. Entre las personas detenidas y ejecutadas había hombres y mujeres, ricos y pobres, desconocidos y prominentes.

Uno de los prisioneros de mayor rango fue Luis Felipe II, duque de Orleans. Era conocido por ser la figura más acaudalada de toda Francia y en su momento había sido representante electo en la Convención Nacional. También era primo del antiguo rey, a quien había votado para que fuera ejecutado. Luis Felipe fue arrestado simplemente porque su hijo se mostró traidor a la causa revolucionaria al huir a las líneas enemigas y cambiar de bando.

Su hijo, el duque de Chartres, se había disgustado con su padre cuando votó a favor de la ejecución del rey Luis XVI. Harto del fervor revolucionario que se apoderaba de Francia, decidió desertar a los austriacos, refugiándose con ellos y luchando a su favor. Esto resultaría irónico, ya que justo antes de que su hijo tomara esta fatídica decisión, Luis Felipe II, duque de Orleans, en su calidad de representante de la Convención Nacional, había votado la aprobación de un protocolo que establecía que cualquiera que fuera considerado mínimamente cómplice de un desertor se convertía en sospechoso por defecto.

Luis Felipe II fue declarado culpable por asociación, y eso fue más que suficiente para que la revolución sospechara de él. Luis Felipe era conocido por su gran sentido del humor y, al parecer, se lo tomó todo con calma. Se dice que antes de ser ejecutado dijo: "¿De verdad? Esto parece una broma".

Sin embargo, no todo el mundo se reía. Algunos líderes de la revolución intentaron frenar el Reino del Terror. Por ejemplo, el 5 de diciembre de 1793, Camille Desmoulins publicó un panfleto titulado Le Vieux Cordelier, que pedía el fin de la persecución. En otro número publicado el 17 de diciembre de 1793, Camille Desmoulins se atrevió a pedir directamente el fin del Reinado del Terror.

Al principio, Robespierre adoptó un tono sorprendentemente conciliador ante estos ataques a la metodología del Reino del Terror. El 20 de diciembre, propuso la creación de un comité de justicia, que reexaminaría a algunos de los detenidos bajo sospecha. Esta respuesta conciliadora y mansa no hizo sino envalentonar aún más a Desmoulins. En su siguiente publicación, el 24 de diciembre, exigió la liberación inmediata de los presos.

Declaró: "Abran las cárceles para los 200.000 ciudadanos que ustedes llaman sospechosos, porque, en la Declaración de Derechos, no hay casas de sospecha. Queréis exterminar a todos vuestros enemigos con la guillotina. Pero, ¿hubo alguna vez una locura mayor? Creedme, ¡la libertad se fortalecería y Europa sería conquistada si tuvierais un Comité de Clemencia!".

Sin embargo, Maximilien Robespierre mostró una moderación inusual al tratar con Desmoulins. Robespierre incluso rechazó la sugerencia de expulsarlo del Club Jacobino. En su lugar, declaró que se limitaría a destruir sus publicaciones. Sin embargo, la tolerancia de Robespierre no duraría para siempre, y Desmoulins, junto con otros disidentes, fueron detenidos. Camille Desmoulins sería sometido a una farsa de juicio justo antes de su ejecución, el 5 de abril de 1794.

Poco después, la Revolución francesa se convirtió en un auténtico disparate. En la primavera de 1794, Robespierre, tratando de mantener el fervor revolucionario de la población, comenzó a crear lo que sólo puede describirse como un culto religioso. Desde el comienzo de la Revolución francesa, muchos deseaban desmantelar el cristianismo y sustituirlo por una nueva religión.

Muchos de los líderes revolucionarios eran deístas que creían en un poder superior y despreciaban la religión organizada. Estos sentimientos se reflejaban en el hecho de que la Constitución francesa mencionaba un "ser supremo", pero no llegaba a especificar cuál podría ser ese ser supremo. Robespierre sintió la necesidad de llenar el vacío que había creado la supresión del cristianismo, así que empezó a crear su propia religión, colocándose a sí mismo a la cabeza.

Dirigió procesiones religiosas e hizo que la gente cantara sus propios himnos improvisados en los que no cantaban alabanzas a Dios, sino a las glorias de la revolución y a su aversión a los monarcas. Por ridículo que parezca, no faltaron franceses pobres y desilusionados que cayeron en el culto.

Los colegas de Robespierre no estaban contentos con esta evolución y despreciaban secretamente sus esfuerzos. El culto de Robespierre era más un culto a la personalidad que otra cosa, y tan pronto como fuera despachado, su religión experimental caería también por el camino.

El Reinado del Terror estaba perdiendo fuerza, y ni él ni una nueva religión para las masas reforzarían las fortunas de Robespierre y sus colegas Jacobinos.

Sin embargo, Robespierre trató de involucrar a todos los aspectos de la vida de los franceses comunes con su nuevo culto. La culminación de toda esta religión fue una extravagante producción que Robespierre organizó el 20 de junio, a la que se denominó Festival del Ser Supremo.

Durante la invocación de Robespierre en este evento, proclamó: "El verdadero sacerdote del Ser Supremo es la Naturaleza misma; su templo es el universo; su religión, la virtud; sus festivales, la alegría de un gran pueblo reunido bajo sus ojos para anudar el dulce nudo de la fraternidad universal y presentar ante ella [la Naturaleza] el homenaje de corazones puros y sintientes [sensibles]".

Utilizando temas, simbolismos y palabras que, en su opinión, resonaban en el pueblo francés, Robespierre intentaba conmover los corazones y las mentes de las masas. Intentaba provocar una reacción. Pero no esperaba la reacción que finalmente recibió.

Capítulo 7: La Reacción Termidoriana y el Directorio

"Se ha dicho que el terror es el principio de un gobierno despótico. ¿Se parece, pues, vuestro gobierno al despotismo? Sí, como la espada que brilla en las manos de los héroes de la libertad se parece a aquella con que están armados los esbirros de la tiranía. El gobierno de la revolución es el despotismo de la libertad contra la tiranía".

-Maximilien Robespierre

Robespierre buscó desesperadamente transformar el rostro de la sociedad francesa. Rebautizó el mes de julio como "Termidor". Y en el mes de Termidor, sus oponentes se movilizaron contra él en lo que posteriormente se ha denominado la "Reacción Termidoriana". El término "Termidoriano" es históricamente impreciso. Cualquiera que se opusiera a Robespierre y a la dirección que estaba tomando Francia entraba en esta categoría general.

Algunos se oponían a Robespierre por motivos puramente ideológicos, mientras que otros podían tener venganzas personales contra Robespierre o actuar por miedo. Algunos de los que se habían enemistado con Robespierre pensaban que acabar con él era la única manera de evitar perder la cabeza.

En un nivel muy básico, los termidorianos eran aquellos que creían que Robespierre se había extralimitado en sus funciones y trataban de poner freno a los abusos que este loco iluminado había desatado. Como resultado, Robespierre y sus compañeros Jacobinos fueron denunciados a fondo. Robespierre se vio acorralado y, durante un intento de arrestarlo, intentó suicidarse.

El intento fracasó y acabó con la mandíbula destrozada. Robespierre fue detenido en ese terrible estado y juzgado. Tras otra farsa de juicio, fue llevado a la guillotina. El vendaje que cubría su mandíbula fue considerado una distracción, por lo que se lo arrancó a la fuerza. Y a menos que un aullido animal de dolor cuente, Robespierre, el gran orador, no tuvo últimas palabras. Aulló de dolor, la hoja cayó y él se había ido.

Sin embargo, el tumulto aún no había terminado, y la Reacción Termidoriana continuaría. El sur de Francia, en particular, vería erupciones de violencia espontáneas contra los Jacobinos. Hay que tener en cuenta que el sur de Francia era incondicionalmente católico, y gran parte de su reacción se remonta a la forma en que los Jacobinos trataron de suprimir la Iglesia católica.

Además, durante esta oleada reaccionaria, antiguos oponentes políticos de Robespierre y los Jacobinos fueron liberados de prisión. Los Girondinos volvieron al poder. Esto provocó una nueva oleada de represalias, esta vez dirigidas contra los Jacobinos y sus partidarios. Algunas de estas represalias fueron de carácter oficial, con la detención y encarcelamiento de Jacobinos, pero gran parte del resto tuvo lugar en las calles en forma de erupciones espontáneas de violencia reaccionaria y popular de la peor calaña. Al fin y al cabo, había muchas cuentas pendientes.

Los Termidorianos crearon aún más problemas al eliminar los controles de precios que la administración Jacobina había instituido para controlar el creciente costo de los alimentos. Esto provocó una nueva escasez y, una vez más, el ciudadano francés promedio se vio en una situación desesperante. Su desesperación condujo a lo que se ha citado como la última gran protesta de la Revolución francesa.

El 20 de mayo de 1795, una gran multitud de manifestantes franceses irrumpió en una convención política que se estaba celebrando entre los termidorianos. Justo antes de esta protesta, se aprobó una ley que otorgaba a los representantes del gobierno termidoriano un amplio poder autoritario, permitiéndoles arrestar y desarmar a los manifestantes que considerasen oportuno.

Desechando cualquier noción previa de que la ciudadanía tuviera derecho a protestar, las élites que ejercían el poder no tuvieron tiempo ni piedad con los plebeyos y utilizaron la fuerza marcial para dispersarlos y disolverlos.

Tras esta dispersión, el 21 de junio de 1795 se creó el Directorio. Los reaccionarios termidorianos estaban decididos a no dejarse influir por las anteriores reformas radicales de los Jacobinos e insistieron en una constitución más conservadora.

El Directorio era básicamente un órgano legislativo compuesto por dos cámaras: el Consejo de los Antiguos y el Consejo de los 500. El Consejo de los Antiguos era la cámara alta, que tenía autoridad para aprobar o rechazar la legislación propuesta por la cámara baja, conocida como el Consejo de los 500. El Consejo de los Antiguos no proponía nuevas leyes por sí mismo, sino que correspondía a sus miembros aprobar las reformas gubernamentales.

En la cúspide de esta estructura había un poder ejecutivo, un consejo de cinco directores. Estos cinco directores estaban formados por conocidos miembros de la élite revolucionaria: Paul Barras, Louis Marie de La Révellière-Lépeaux, Jean-François Rewbell, Étienne-François-Louis-Honoré Letourneur y Lazare Carnot.

La composición del Directorio era bastante ingeniosa y ofrecía la posibilidad de establecer el necesario equilibrio de poderes en el poder legislativo francés. Los miembros eran elegidos mediante un método indirecto por electores especialmente designados. El Consejo de Gobierno debía rendir cuentas ante el poder legislativo.

Es importante señalar que, por mucho que la Revolución francesa se inspirara en la Revolución americana, la principal diferencia radicaba en que los Padres Fundadores americanos se centraron en emplear controles y equilibrios entre los órganos de gobierno, mientras que los franceses, con sus clubes políticos compitiendo rutinariamente por monopolizar todo el poder, carecían peligrosamente de cualquier control que impidiera el abuso autoritario. Aun así, el Directorio no era más que una incipiente empresa en sus comienzos y corrió el riesgo de disolverse desde el principio.

Y desde sus inicios, hubo complots y contraplots entre diversas facciones políticas. Uno de los disidentes más infames del Directorio fue François-Noël Babeuf. Babeuf era conocido por su ideología izquierdista y era un conocido agitador en Francia. Fue encarcelado brevemente en 1790 y, tras su liberación, comenzó a trabajar en un periódico de tendencias incendiarias para difundir sus puntos de vista.

En el *Correspondant Picard*, Babeuf expuso sus ideas sobre la reforma agraria. Con ecos del futuro espíritu del comunismo, insistía en que debía haber una redistribución general de la tierra. Babeuf creía que había que reunir la riqueza ganada por otros y redistribuirla entre las masas. Despreciaba las virtudes del trabajo duro y el mérito y pretendía alcanzar por la fuerza la igualdad económica mediante la redistribución forzosa.

En el punto álgido del Reinado del Terror, en la primavera de 1793, Babeuf fue arrestado de nuevo, pero fue puesto en libertad en julio de 1794, tras la detención de Robespierre, artífice del terror. Irónicamente, Babeuf volvió a destacarse durante la oleada reaccionaria de los Termidorianos. En su loca carrera por dar marcha atrás y deshacer todo lo que habían hecho los Jacobinos, los Termidorianos prácticamente arrojaron a la calle a todos los prisioneros arrestados por el régimen Jacobino.

Pero aunque Babeuf no era amigo de los Jacobinos, pronto demostraría ser una espina en clavada en el Directorio. El 12 de febrero de 1795, Babeuf volvió a ser detenido por burlarse abiertamente de los esfuerzos de los Termidorianos. No se detendría, e incluso tras ser puesto en libertad, continuó haciendo planes para derrocar al Directorio y así poder instituir sus propios planes de redistribución de la riqueza.

Esta vez, consiguió atraer a su órbita a muchos Jacobinos descontentos. Con esta nueva coalición política, en noviembre de 1795, Babeuf comenzó a hablar de un renovado impulso a la revolución. Los esfuerzos de Babeuf serían finalmente derrotados, y sería arrestado nuevamente en mayo de 1796. Babeuf fue juzgado por traición, declarado culpable y ejecutado al año siguiente.

El impulsor del Directorio fue un general francés llamado Paul Barras. En realidad era un estrecho colaborador de Napoleón Bonaparte. Barras, abriría la puerta a la eventual entrada de Napoleón en el liderazgo ejecutivo.

Al principio, al Directorio no le fue bien, y cuando el cuerpo político de Francia entró de nuevo en un ataque de convulsiones, Francia se enfrentó a una oleada de actividad contrarrevolucionaria que amenazaba con sacar la alfombra de debajo del Directorio.

Casualmente, Bonaparte y las tropas a sus órdenes fueron capaces de evitar el colapso total del Directorio. Cuando el complejo del general estaba en el punto de mira, Napoleón colocó estratégicamente artillería a su alrededor para asegurarse de que no fuera asaltado. Bajo la guardia de Napoleón, no se produciría otra toma de la Bastilla. De hecho, estos esfuerzos podrían considerarse los primeros pasos de Francia en su larga marcha hacia el autoritarismo.

Pero, paradójicamente, estos esfuerzos llevaron a Napoleón a ser proclamado salvador de la república. Por sus esfuerzos, fue nombrado comandante del Ejército del Interior. En esencia, Napoleón declaró la ley marcial y pudo ir de casa en casa requisando armas. Dado que la revolución y los disturbios habían comenzado con la toma de la Bastilla y la confiscación de armas, Napoleón se dio cuenta de que la única forma de mantener el orden era recuperarlas.

Curiosamente, mientras se encontraba en medio de esta búsqueda, conoció a un niño llamado Eugène de Beauharnais. Uno de los hombres de Napoleón intentaba quitarle una espada a Eugène, de doce años, pero el niño le suplicó que no se la llevara, ya que había pertenecido a su difunto padre. El joven se enfrentó a Napoleón y declaró que acabaría con su propia vida si no le devolvía inmediatamente la espada.

Napoleón sintió lástima por el chico y cedió. A pesar de sus propias instrucciones de confiscar todas las armas, hizo una excepción con Eugène. Napoleón, poco después, conocería a Josefina, la madre del chico, y ambos congeniarían casi de inmediato. Josefina se convertiría en la primera esposa de Napoleón y ambos se casarían el 9 de marzo de 1796. Aunque Napoleón no fue una figura central de la Revolución francesa en sus inicios, más tarde asumiría un rol destacado.

Desde la perspectiva de los enemigos de Francia, su principal objetivo era contener la agitación del país y asegurarse de que sus problemas no se extendieran a las regiones vecinas. Para Austria, su papel y sus objetivos eran mucho más personales. La reina de Francia, perteneciente a la realeza austriaca, había sido ejecutada. Austria estaba también muy endeudada debido a la guerra de la Primera Coalición.

Austria estaba más decidida que otras naciones a ajustar cuentas con Francia. Técnicamente, Austria estaba en guerra con Francia desde 1792, y era la que más tenía que perder si fracasaba. Y estaba decidida a salir victoriosa. Desde que estallaron las hostilidades en aquel fatídico año de 1792, la disputada región del Piamonte, en el norte de Italia, había servido como principal campo de batalla. Napoleón tiró los dados lanzando el grueso de sus tropas contra los ejércitos austriacos acampados en Piamonte, cerca de la región alpina de Francia.

Al principio, parecía que los franceses estaban destinados a perder. Golpeados y maltrechos por conflictos anteriores, carecían casi por completo de preparación. Había una gran falta de equipamiento y muchas de las tropas francesas carecían de calzado adecuado, por lo que caminaban por las montañas nevadas prácticamente descalzos.

Napoleón abordó estas necesidades justo antes de la batalla. Se dice que Bonaparte proclamó: "Soldados, estáis insuficientemente vestidos, desnutridos; el gobierno os debe mucho, pero es incapaz de devolveros nada. Deseo llevaros a los valles más fértiles del mundo. Regiones ricas, grandes ciudades estarán bajo vuestro poder. Encontraréis en esas partes honor, gloria y riquezas". Sus tropas se reunieron y fueron enviadas a toda velocidad a los Alpes para enfrentarse a los austriacos.

La primera batalla comenzó el 12 de abril de 1796, cuando las fuerzas francesas se enfrentaron a decenas de miles de soldados austriacos. Napoleón fue capaz de conducir a sus tropas a una victoria aplastante. En cuestión de instantes, la artillería francesa acribilló a los austriacos. Miles de soldados austriacos perecieron en los primeros asaltos de la batalla de Montenotte. Esta batalla dejaría miles de austriacos muertos y, finalmente, las fuerzas austriacas se vieron obligadas a emprender una precipitada retirada.

Se necesitaría alrededor de un mes de continuas y sostenidas pérdidas, pero finalmente los austriacos fueron expulsados del Piamonte. Fue un éxito impresionante, y Napoleón no tuvo miedo de presumir de su logro. Tras la expulsión de los austriacos, declaró: "¡Soldados! En quince días, habéis obtenido seis victorias, tomado veintiún colores y 55 piezas de artillería, tomado varias fortalezas y conquistado las partes más ricas del Piamonte".

Y poco después, Napoleón perseguiría a los austriacos hasta Viena. En ese momento, el emperador austriaco se vio obligado a pedir la paz. Las subsiguientes conversaciones de paz condujeron al Tratado de Campo Formio.

Este tratado fue una gran bendición para Francia, ya que le permitió a los franceses hacerse con el control de Piamonte y Lombardía (norte de Italia). También se les concedió el control de la orilla occidental de Renania. Sin embargo, los enemigos de Francia no tardarían en reorganizarse y formar una nueva coalición.

Capítulo 8: La Guerra de la Segunda Coalición y el Ascenso de Napoleón

"El campo de batalla es un escenario de constante caos. El vencedor será aquel que controle ese caos, tanto el propio como el de los enemigos".

-Napoleón Bonaparte

Una vez que Austria firmó la paz con Francia, Gran Bretaña tuvo que luchar sola contra los franceses. Sin embargo, austriacos y franceses siguieron teniendo problemas entre sí. Todavía había discusiones sobre disputas territoriales, y Austria estaba preocupada por las continuas guerras francesas en otras regiones. En el verano de 1798, los franceses lanzaron una repentina invasión de Egipto y Siria.

Napoleón sorprendió al mundo con esta hazaña, ya que parecía surgir de la nada. Sin embargo, el movimiento tenía mucho sentido. Los franceses no estaban en condiciones de invadir Gran Bretaña como hubieran deseado debido a su insuficiente fuerza naval para lanzar una invasión a través del canal de la Mancha. Pero gran parte de la riqueza de Gran Bretaña en aquella época se debía a sus posesiones territoriales y a las redes comerciales que se habían establecido a través de Egipto y hasta la India. En otras palabras, los franceses tenían la misión de cortar esta valiosa ruta de suministros.

Antes de llegar a las costas del Norte de África, las fuerzas de Napoleón Bonaparte harían escala en la isla de Malta. Allí, las fuerzas francesas asediaron a una orden de caballeros conocida como los Hospitalarios. Los Hospitalarios, cuyos orígenes se remontan a las Cruzadas, habían pasado los últimos siglos defendiéndose de las incursiones islámicas. Sin embargo, Napoleón fue capaz de hacer lo que otros ejércitos invasores no habían podido: asediar y derribar las fortificaciones de los caballeros. Tras un solo día de lucha, los caballeros izaron la bandera blanca y entregaron la isla a Napoleón Bonaparte. Los franceses disponían así de una perfecta estación de pesaje en su camino hacia Egipto.

La expulsión de los Hospitalarios por parte de Francia provocó la ira de Pablo I, zar de Rusia, que mantenía estrechos vínculos con los caballeros y había sido nombrado "protector honorario de la orden" justo antes de la toma de Malta por Napoleón. Sin embargo, Rusia no iba a declararle la guerra a Francia, sino que se mantuvo al margen para ver cómo se desarrollaban los acontecimientos.

Egipto ha cambiado de manos varias veces a lo largo de los milenios. Por supuesto, Egipto fue la tierra de los faraones, que encargaron la construcción de las pirámides. Los faraones fueron derrocados por los ejércitos de Alejandro Magno. Egipto pasó a formar parte de un imperio griego antes de ser conquistado por Roma, donde pasó varios siglos como granero de la República romana y luego del Imperio romano. Los romanos perdieron Egipto cuando los ejércitos islámicos arrasaron Oriente Próximo y el Norte de África.

El idioma de Egipto pasó a ser el árabe y su religión, el islam. Egipto sería administrado por una amplia gama de dinastías islámicas, siendo una de esas dinastías posteriores el Imperio otomano. En el momento de la invasión napoleónica, los otomanos estaban en decadencia y su dominio sobre Egipto era débil. Egipto era esencialmente autónomo, dirigido por un grupo egipcio/árabe llamado los mamelucos.

Napoleón lo sabía. Parte de su plan consistía en derrotar a los mamelucos y devolver Egipto a los otomanos para ganarse el favor del sultán. Sin embargo, su plan tenía un fallo fatal, ya que el sultán de la lejana Turquía no veía la situación de la misma manera que Napoleón. Los otomanos seguían considerando Egipto como suyo, y en cuanto Napoleón y sus tropas desembarcaron, sus acciones fueron consideradas un acto de guerra.

Las fuerzas francesas llegaron a Egipto el 30 de junio de 1798. El desembarco estuvo plagado de desafíos. Napoleón, tenía miles de soldados en suelo extranjero intentando maniobrar con artillería pesada en condiciones inciertas. No era una tarea fácil, pero a Napoleón le gustaban los retos. El 2 de julio, Napoleón y su ejército lograron llegar a las puertas de Alejandría.

Tras una lucha, tomaron una fortaleza situada junto a las murallas de la ciudad. Napoleón hizo entonces que un traductor redactara una declaración escrita, que fue entregada a los ciudadanos de la ciudad. La declaración decía: "Pueblo de Egipto. Vengo a restaurar vuestros derechos, a castigar a los usurpadores; respeto a Dios, a su profeta y al Corán más de lo que lo hicieron los mamelucos. Somos amigos de todos los verdaderos musulmanes".

Pero los egipcios no se convencieron tan fácilmente. Echaron un vistazo a esos extranjeros y decidieron que no eran los amistosos "libertadores" que decían ser. Por lo tanto, los egipcios continuaron resistiendo el avance francés. Cuando los franceses intentaron entrar en la ciudad, se encontraron con que tendrían que enfrentarse a prácticamente toda la población.

Sin embargo, los anticuados mosquetes utilizados por los defensores de la ciudad no fueron rivales para la artillería de vanguardia de Napoleón, lo que dio a los franceses una ventaja decisiva. Las fuerzas de Napoleón fueron capaces de atravesar una desesperada carga de caballería con potentes disparos de artillería. Alejandría no tardó en caer en manos de Napoleón.

Gran Bretaña respondió a las acciones de Napoleón demasiado tarde, pero aún tenía un as en la manga. La flota francesa ya había sido maltratada por los británicos; Napoleón había tomado lo que quedaba de ella para hacer el viaje a Egipto. En su prisa por llegar a Alejandría, dejó la flota desprotegida. Los británicos se aprovecharon de ello y enviaron a su armada a bombardear la flota francesa. Los barcos fueron completamente destruidos. Napoleón y su ejército quedaron abandonados en Egipto.

Napoleón sabía que no había vuelta atrás, así que pasó a la ofensiva y cargó contra El Cairo. El 21 de julio, lanzó lo que se conoció como la batalla de las Pirámides.

Durante esta batalla, Napoleón y su ejército se enfrentaron a un comandante mameluco egipcio llamado Murad Bey. El resultado fue muy parecido al de la batalla de Alejandría. El ejército Mameluco fue diezmado, y Napoleón marchó hacia El Cairo el 24 de julio de 1798.

A pesar del éxito de Napoleón, se estaba formando una fuerte coalición en su contra. De hecho, fue la formación de una segunda coalición, y daría lugar a la guerra de la Segunda Coalición.

La coalición que libró esta guerra contra Francia tardó algún tiempo en formarse. El primer paso fue cuando Nápoles se alió con Austria, uniendo sus fuerzas el 19 de mayo de 1798. El siguiente paso importante, fue cuando Rusia se alió con Nápoles el 29 de noviembre. Poco después, el canciller austriaco Johann Amadeus von Thugut intentó sumar a los prusianos, pero sus esfuerzos quedaron en nada.

Austria y Gran Bretaña no lograron una alianza formal, pero cooperarían extraoficialmente en lo que se ha denominado "cooperación ad hoc". A medida que estas alianzas oficiales y extraoficiales se iban uniendo, la siguiente pieza importante del rompecabezas se colocó en su lugar cuando los rusos se aliaron con el Imperio otomano el 23 de diciembre y luego con los británicos el 26 de diciembre de ese fatídico año de 1798.

Uno de los primeros enfrentamientos importantes de las fuerzas de la coalición se produjo al año siguiente, en el verano de 1799, cuando una fuerza ruso-británica se abrió camino hasta los Países Bajos. Lucharon contra los franceses y las fuerzas holandesas que se habían aliado con ellos. Las fuerzas británicas y rusas se vieron obligadas a retirarse de los Países Bajos luego de ser bloqueadas por las fuerzas francesas en la batalla de Castricum el 6 de octubre de 1799. Al final, las posiciones francesas y holandesas fueron demasiado poderosas y las tropas británicas y rusas se vieron obligadas a retirarse.

Mientras tanto, Napoleón había abandonado Egipto para dirigirse a Gaza, donde derrotó a una guarnición estratégica en la ciudad de el-Arish. Los franceses subieron por la costa hasta la ciudad de Acre, fuertemente fortificada. Sin embargo, esta fortaleza de Oriente Próximo resultó ser demasiado formidable, y Napoleón acabó retirándose a Egipto. Llegó justo a tiempo para recibir a un ejército británico/turco, que desembarcó el 11 de julio.

Los turcos lograron tomar la ciudad de Aboukir, pero un ejército francés reorganizado, dirigido por Napoleón, cargó contra sus posiciones. Gracias al uso de artillería pesada, los franceses pudieron diezmar a sus oponentes. Tras esta última victoria, Napoleón dejó que sus subordinados se ocuparan de la administración de Egipto mientras él regresaba a Francia en octubre. Regresó para ser testigo de los últimos problemas en el cuerpo político de Francia.

Desde el estallido de nuevas hostilidades de gran alcance, el Directorio había instituido un servicio militar obligatorio muy impopular, que obligaba a los hombres de entre veinte y veinticinco años a alistarse. La resistencia al reclutamiento era bastante común, y las tropas solían desertar frecuentemente tras ser llamadas al servicio. La moral bajó aún más cuando se supo que las tropas que decidieron luchar no estarían debidamente equipadas debido a la falta de bienes adecuados.

Muchos achacaron la incapacidad del gobierno francés para equipar adecuadamente a sus tropas a la corrupción profundamente arraigada en el Directorio. Todo este descontento condujo a otra oleada de agitación política el 18 de junio de 1799, cuando cuatro de los cinco directores del Directorio fueron destituidos. Sus sustitutos eran considerados "conservadores" y "revisionistas" que deseaban hacer retroceder la Revolución francesa para restablecer los derechos prometidos en 1789.

Cabe señalar que, aunque los derechos prometidos en 1789, como el derecho a la libertad de expresión, se consideraban liberales en la época del Juramento de la Cancha de Tenis, Francia había pasado por tanta agitación revolucionaria que estos derechos básicos eran considerados conservadores. Aunque pueda resultar difícil de entender, tiene cierto sentido. Los inquilinos radicales de Maximiliano Robespierre, que habían conducido al Reinado del Terror y, en última instancia, a la Reacción Termidoriana, parecían mucho más revolucionarios que los derechos prometidos en 1789.

Sin embargo, todavía había quienes querían más. Los derechos consagrados en la Constitución francesa les parecían insuficientes. Un grupo muy ruidoso de neojacobinos insistía en que debían mantenerse las nuevas variantes de la Constitución francesa y arengaba a los conservadores tachándolos nada menos que de "oligarcas". Napoleón se metió de lleno en la refriega, y la facción conservadora, en busca de apoyo militar, recurrió a su fuerza marcial para acabar con sus rivales.

Podrían haber buscado su ayuda, pero Bonaparte acabó derrocando al Directorio y tomó el poder él mismo. Napoleón, y sus tropas, dieron un golpe de estado el 9 de noviembre de 1799. Bonaparte ordenó desechar la constitución vigente y redactar una nueva. Bonaparte, como primer cónsul, supervisó todos estos cambios. Aunque aún no se hacía llamar emperador, el cargo de primer cónsul otorgaba a Napoleón la autoridad final sobre todos los asuntos de gobierno. Este golpe suele considerarse el final de la Revolución francesa, ya que Napoleón aportaría cierta estabilidad al país.

Napoleón continuó al frente de las tropas. A principios de junio, los franceses lograron apoderarse de Milán y luego de toda una serie de ciudades, como Pavía, Piacenza, Stradella y otras partes de la región de Lombardía. Esto cortó efectivamente las líneas de suministro austriacas que se dirigían al este a lo largo de las orillas del Río Po. Los franceses, el 14 de junio, se enfrentaron al ejército austriaco en las proximidades de Marengo. El ejército francés contaba con unos veintiocho mil hombres, mientras que el austriaco contaba con treinta mil. Además de la ventaja numérica, los austriacos tenían mejor artillería.

Pero el espíritu de lucha estaba con los franceses, y fueron capaces de expulsar completamente a los austriacos de Italia. Esta victoria no sólo consolidó las posiciones francesas en Italia, sino también la posición de Napoleón Bonaparte en el gobierno francés. El héroe conquistador Napoleón (al menos por el momento) no podía equivocarse.

Fue sólo un breve paseo hacia el absolutismo total, con Napoleón siendo nombrado cónsul vitalicio en 1802 y luego emperador de Francia en 1804. También se declaró que el manto imperial continuaría como título hereditario a través de la descendencia de Napoleón. Sí, tras varios años de terrible derramamiento de sangre en los que la monarquía francesa había sido derrocada, los franceses se encontraron de nuevo en el punto de partida al instituir una nueva monarquía absoluta.

Desde la constitución de 1791, el gobierno francés había experimentado con el republicanismo representativo, que finalmente desembocó en el Directorio y su legislatura bicameral. Sin embargo, todos estos esfuerzos se vieron frenados en seco cuando Napoleón tomó el poder. Hasta que Napoleón fue derrocado, toda la legislatura sería de naturaleza ejecutiva, y se promulgaría según los caprichos dictatoriales de Napoleón Bonaparte.

Aunque Napoleón se convirtió más tarde en emperador de Francia, es muy importante destacar el hecho de que Napoleón fue uno de los principales promotores de los ideales de la Ilustración. Sí, era un déspota, pero era un déspota ilustrado. Además, Napoleón Bonaparte es un claro ejemplo de que la historia y sus principales personajes son mucho más complicados de lo que solemos creer. Puede que Napoleón gobernara con mano de hierro, pero también se aseguró de que se establecieran muchas de las libertades básicas propugnadas por las grandes mentes de la Ilustración.

En un extraño giro, Napoleón, un hombre cuya propia moralidad personal podría haber sido cuestionada por muchos, había sido nombrado guardián de la moralidad en Francia. Llegó cuando Francia se encontraba en una coyuntura entre la anarquía y el caos, y de repente le correspondía a él asegurarse de que las libertades personales básicas conseguidas por los franceses no se perdieran. Así que tuvo que utilizar los poderes de que disponía para evitar que eso ocurriera, aunque esos poderes eran más propios de un monarca absoluto que de un gobierno representativo.

Bajo el mandato de Napoleón, una persona era libre (al menos en su mayor parte) en Francia, pero esa libertad tenía límites. La gente no era libre de atacar, robar y brutalizar al azar a quienes no le gustaban, pero sí de tener sus propios derechos básicos siempre que no interfirieran con los de los demás. Y al igual que los derechos anteriores que propugnaba la Ilustración, estas libertades sólo afectaban a los hombres, no a las mujeres. Además, con el paso del tiempo, Napoleón reinstauró la esclavitud, que había sido prohibida por el gobierno francés en 1795.

Aun así, en muchos sentidos, las libertades básicas que Napoleón impuso crearon el tan necesario equilibrio entre las libertades básicas y un marco legal claro y estable. El Código Napoleónico esbozaba las libertades del pueblo y, al mismo tiempo, garantizaba que esas libertades no se descontrolaran como había ocurrido durante la Revolución francesa. El Código Napoleónico establecía directrices claras y concisas que no podían ser alteradas por el mero capricho de turbas apasionadas, jueces parciales u otros acontecimientos imprevistos.

En contraste con las arenas movedizas del Reinado del Terror, que había sido provocado por la Revolución francesa y suscitado todo tipo de acusaciones salvajes, cargos inventados, y el gobierno de la turba, el nuevo marco jurídico de Napoleón no se dejaría llevar por rumores y chismes. El Código Napoleónico fue creado como un sólido baluarte en el que la sociedad podía apoyarse.

El Código Napoleónico era tan estable que su legado sigue siendo una parte importante de la sociedad francesa hasta nuestros días. Así pues, sí, Napoleón fue un dictador y causó todo tipo de guerras y disturbios en numerosos países en el transcurso de sus numerosas aventuras militares. Pero también hay que reconocerle su mérito. Y debemos reconocer la estabilidad jurídica que se estableció durante la época de Napoleón Bonaparte en el poder.

Conclusiones: El Duradero Impacto de la Revolución francesa

La Revolución francesa fue un hecho trascendental en la historia de Francia y del mundo. Aunque la Revolución francesa se originó para dar respuesta a un importante dilema al que se enfrentaba el pueblo francés, sus ramificaciones acabaron afectando a todo el mundo.

Mucho se ha dicho sobre cómo muchos de los ideales y acciones de la Revolución francesa inspiraron otros movimientos mundiales, pero echemos un vistazo a un movimiento que a menudo se pasa por alto en favor, por ejemplo, de las guerras de independencia latinoamericanas. Karl Marx se inspiró en la comuna francesa de París.

La noción de que el hombre común podía sacudirse un poder enquistado como la monarquía francesa ha dejado un legado duradero. Y quienes desearan hacer lo mismo en otras partes del mundo mirarían hacia la Revolución francesa como ejemplo e inspiración.

A pesar del derramamiento de sangre, el terror y las repercusiones, la Revolución francesa destacó como una especie de faro de esperanza. Al fin y al cabo, la Revolución francesa trastornó el estado normal de las cosas y permitió al pueblo expresar sus quejas. Fue en las últimas fases de la revolución cuando este espíritu se perdió, ya que los Jacobinos y otros miembros de la élite revolucionaria quisieron tomar medidas enérgicas y consolidar sus logros. Esta tiránica maniobra ha sido ampliamente repetida por los tiranos opresores y los regímenes que se han sucedido tras las sangrientas revoluciones.

Lenin y Stalin prometieron a su pueblo el mismo tipo de libertades utópicas que los franceses. Y al igual que Robespierre en su peor momento, decidieron acabar con los revolucionarios una vez que habían cumplido su propósito.

Las élites intelectuales creían saber cómo modelar la sociedad mejor que nadie. Pretendían recrear la civilización (e incluso la espiritualidad) a su propia imagen. Nada capta mejor el colmo de esta arrogancia que el "culto al Ser Supremo" de Robespierre. Ni siquiera sus colegas pudieron evitar la perplejidad ante estos disparates. Y si no lo hubieran detenido, es muy posible que hubiera logrado su objetivo de crear una religión con él mismo a la cabeza.

Las ejecuciones y persecuciones durante la Revolución francesa, algo que se consideraban soluciones "civiles" a los problemas sociales de la época, serían aprovechadas y repetidas por los movimientos políticos más despreciables. Los franceses optaron por matar a los enemigos del Estado mediante la guillotina porque veían en este instrumento una forma humana de solucionar los males sociales que asolaban Francia.

Este era el mismo sentimiento expresado por los nazis, que optaron por crear elaboradas cámaras de gas para matar a quienes consideraban "indeseables". Los burócratas nazis, como Joseph Goebbels y Heinrich Himmler, eran notorios manipuladores de papeles que retrocedían ante la mera visión de la sangre, y sin embargo estaban de acuerdo en autorizar la muerte de millones de personas por medio del gas.

Del mismo modo, los revolucionarios franceses creían que la guillotina era una forma humana de matar a otros. De hecho, esta creencia fue profesada por el homónimo de este instrumento del Reinado del Terror, el Dr. Joseph-Ignace Guillotin. Declaró que este dispositivo de muerte, que finalmente tomó su propio nombre, la guillotina, era el mejor medio para asegurar su propio sentido "filantrópico" del humanitarismo.

Para ser justos con el Dr. Guillotin, lo más seguro es que nunca soñara que este instrumento de muerte se utilizaría para matar indiscriminadamente a gran escala. Es más probable que Guillotin concibiera este instrumento de ejecución como el último recurso y lo utilizara para ajusticiar humanamente a los criminales condenados. Previo a la guillotina, la gente era sometida a horrendas torturas y muertes crueles. Por ejemplo, la rueda de rotura era una forma popular de ejecución pública. Se ataba al criminal al suelo y se le rompían los huesos con una rueda grande y pesada, a veces con pinchos. La rueda se dejaba caer sobre el cuerpo una y otra vez, aplastando los huesos de sus víctimas. A continuación, se ataba al criminal a la rueda y se lo colocaba en un poste. El verdugo decapitaba o estrangulaba al acusado hasta la muerte. A veces, el criminal era atado a la rueda y arrojado al fuego. Incluso una decapitación típica, una forma de ejecución reservada a la nobleza, a menudo requería más de un intento para decapitar al acusado, lo que provocaba gritos de agonía en lugar de una muerte rápida.

La rueda de rotura fue abolida en 1791, pero era sólo uno de los muchos castigos atroces de la época. A la luz de esto, tiene sentido que hombres como Guillotin buscaran una forma humana de deshacerse de los criminales que no podían ser reformados. Guillotin intentó acabar con la pena capital, pero no lo consiguió. Así que, en su lugar, buscó un medio para dar muerte humanamente a los culpables de asesinato, asalto brutal y los crímenes más atroces. El Dr. Guillotin probablemente no previó que la guillotina se utilizaría para silenciar a la oposición política a gran escala.

A diferencia de Guillotin, los revolucionarios franceses que emplearon la guillotina no dudaron en utilizarla como medio para aplastar a sus oponentes. Creían que con el rápido tirón de una cuerda y el siseo de una cuchilla, los opositores políticos podían ser silenciados rápidamente sin mucho esfuerzo ni tener que oír sus gritos durante mucho tiempo. Matar era fácil. Hoy lo compararíamos con apretar un botón para deshacerse de alguien. La facilidad con que se mataba a la gente con la guillotina contribuyó a insensibilizar a los verdugos y a quienes ordenaban las ejecuciones.

Tras la caída de Robespierre, llegó Napoleón Bonaparte y devolvió la cordura a la sociedad francesa. Es cierto que era un dictador militar, pero devolvió la normalidad con su Código Napoleónico. También restauró la Iglesia. Aunque Napoleón no era especialmente devoto, probablemente pensó que si la gente necesitaba una religión, era mejor mantener la que ya conocían en lugar de crear una nueva.

Napoleón sería finalmente depuesto, y los franceses se enfrentarían a más problemas. Hubo un breve retorno a la monarquía constitucional hasta el ascenso de Napoleón III, sobrino del advenedizo imperial original. No fue hasta la caída de Napoleón III cuando Francia adoptó su forma más familiar de república moderna, con senadores y un presidente en ejercicio a la cabeza.

La historia de Francia ha dado muchas vueltas y el mundo entero se ha visto afectado por ello. A día de hoy, la Revolución francesa sigue siendo uno de los ejemplos más crudos de lo mejor y lo peor de la humanidad. La Revolución francesa nos trajo los Derechos del Hombre y del Ciudadano, pero también el "terror" de la guillotina. A los grandes pensamientos y discursos intelectuales se unió la beligerancia irracional de las turbas. La Revolución francesa fue una paradoja desconcertante que nos intriga y nos persigue hasta nuestros días.

Vea más libros escritos por Enthralling History

BILLY WELLMAN

LA INGLATERRA MODERNA TEMPRANA

UN APASIONANTE REPASO A LOS TUDOR, LOS ESTUARDO, EL RENACIMIENTO, LA REFORMA Y OTROS ACONTECIMIENTOS QUE DIERON FORMA A LA INGLATERRA DE LA EDAD MODERNA

ENTHRALLING HISTORY

Apéndice A: Lecturas Complementarias y Referencias

Harper, Rob. *Fighting the French Revolution: The Great Vendée Rising.* 2019.

Hibbert, Christopher. *The Days of the French Revolution.* 1980.

Klar, Jeremy. *The French Revolution, Napoleon, and the Republic.* 2015.

Salvemini, Gaetano. *The French Revolution: 1788-1792.* 1954.

Schama, Simon. *Citizens: A Chronicle of the French Revolution.* 1989.

Yonge, Charles. *The Life of Marie Antoinette.* 1876.